KB040912

**차베스,
미국과
맞짱뜨다**

차베스, 미국과 맞짱뜨다

엮은이 ㅣ 베네수엘라 혁명 연구모임
펴낸이 ㅣ 김성실
기획편집 ㅣ 이소영 · 박성훈 · 김진주 · 김성은 · 김선미 · 채은아
마케팅 ㅣ 곽홍규 · 김남숙
인쇄 · 제책 ㅣ 한영문화사
펴낸곳 ㅣ 시대의창
출판등록 ㅣ 제10-1756호(1999. 5. 11)

초판 1쇄 발행 ㅣ 2006년 12월 4일
초판 11쇄 발행 ㅣ 2015년 1월 26일

주소 ㅣ 121-816 서울시 마포구 연희로 19-1 (4층)
전화 ㅣ 편집부 (02) 335-6125, 영업부 (02) 335-6121
팩스 ㅣ (02) 325-5607
이메일 ㅣ sidaebooks@daum.net

ISBN 978-89-5940-055-3 (03300)
책값은 뒤표지에 있습니다.

차베스,
미국과
맞짱뜨다

베네수엘라 혁명 연구모임 엮음

제국주의와 신자유주의의 굴레를 벗고 자주의 새 역사를 여는 베네수엘라

시대의창

머리말

2005년 1월 16일 〈베네수엘라 혁명 연구모임〉(이하 연구모임)의 첫 모임을 시작할 때 우리가 책을 출판하게 될 것이라고는 생각하지 못했다. 〈연구모임〉은 〈함께 만드는 참세상〉이라는 싸이월드 클럽(http://club.cyworld.com/chamworld)의 소모임으로 출발했다. 베네수엘라의 혁명적 변화와 우고 차베스 대통령에 관심을 가지고 있다는 점 외에는 공통점이 없는 다양한 사람들이 모여서 외국 서적 자료, 뉴스 기사, 인터넷 사이트 등을 통해 조금씩 연구 내용을 축적한 성과가 이렇게 책으로 나오게 되었다는 사실이 매우 뿌듯하다.

다양한 배경의 일반인들이 인터넷 커뮤니티를 통해 만나서 연구를 진행하고, 성과물을 출간한 사례가 얼마나 있는지 모르겠지만 흔하지는 않을 것이다. 그만큼 인터넷이라는 도구가 우리의 삶에 많은 영향을 끼치고 있는 것이다. 인터넷이 아니었다면 〈연구모임〉의 사람들은 서로 만나지도 못했을 것이고, 이 책이 나오지도 못했을 것이다. 물론 인터넷 때문만은 아닐 것이다. 베네수엘라에서 일어나고 있는 혁명적 변화, 민중이 주인이 되는 사회가 건설되고 있다는 점, 그리고 탁월한 지도자 우고 차베스 대통령이 가지는 매력

등이 우리를 하나로 묶었다. 또한 우리가 사는 이 땅에도 그러한 변화가 일어나기를 바라는 염원도 우리를 하나로 묶은 것이다.

연일 외신과 신문지상을 통해 우고 차베스 대통령의 언행이 전 세계적 이슈가 되고 있다. 전후 과정을 잘 모르는 상황에서는 그저 돈키호테 같은 사람으로만 보일지 모르겠지만, 연구를 진행해온 우리는 자신 있게 말할 수 있다. 여러분은 미 제국주의와 자본주의에서 민중을 해방시키고 있는 혁명가를 보고 있다. 체 게바라, 피델 카스트로와 같은 전前시대 혁명가들의 전통을 계승하고 새로운 21세기 사회주의를 열어나가고 있는 우고 차베스 대통령의 모습을 보노라면 정말 가슴 벅차다.

베네수엘라 사회주의 혁명을 이끄는 우고 차베스 대통령의 모습을 부족하나마 이 책에서 다루어 보았다. 우리가 연구하면서 느낀 가슴 벅찬 감정을 이 책을 통해 독자들과 함께 공유할 수 있기를 바란다.

원고가 책으로의 모습을 갖추는 데는 시대의창 박남주 대리가 많은 도움을 주었다. 이 자리를 빌려 감사 드린다. 또한 어려운 출판업계의 상황에도 흔쾌히 출판을 결정해주신 김성실 대표님에게 마음으로부터 감사 드린다. 무엇보다도 민중이 주인 되는 참세상을 건설하기 위해 오늘도 끊임없이 투쟁하고 있는 동지들이 있었기에 우리가 힘을 내서 이 책을 만들 수 있었다.

베네수엘라 혁명 연구모임 일동

차례

이 책을 지은 사람들

연구모임 운영자 | 책임집필

임승수

서울대학교 전기공학부와 대학원을 졸업하고 민주노동당 서울
시당 교육부장으로 일하고 있습니다. 돈 중심 세상에서 사람이
중심이 되는 참다운 세상을 만들기 위해서 노력하고 있습니다.
문의하실 내용은 reltih@nate.com으로 연락주세요.

연구모임 참여자 | 집필진

배민수

단국대 법학과를 졸업했습니다. 대학 시절 한기연(한국기독학
생청년연합회) 활동을 한 것을 계기로 우리 사회의 변혁에 관심
을 갖고 있습니다.

정호연

서울대학교 의대에 재학중입니다.

이주성

서울대학교 원자핵공학과와 한국방송통신대학교 경제학과를 졸업했
습니다. 부인 안송이와 함께 2005년 중남미 4개월을 포함하여 6개월
간 세계여행을 다녀온 후 현재 서울대학교 대학원에서 경제학을 공부
하고 있습니다.

양준상

공중보건의 3년을 마치고 인턴 수련중입니다. 마르셀로의
다큐멘터리 「볼리바리안 혁명」을 보고 나서 참여하게 되었
습니다. 언젠가 남미의 변혁 과정에 동참해보려 합니다.

황희준

연세대학교 전파공학과를 졸업했습니다. 인간이 인간답게 살 수
있는 사회를 꿈꾸며 민주노동당 당원으로 활동하고 있습니다.

연구모임 참여자

브라제시

인도 자와하랄 네루 대학을 졸업하고 서울시립대학교
에서 국제관계학을 전공했습니다.

김광수

노동해방실천연대(해방연대) 기관지 위원장입니다.

김도균

빈민운동가입니다. 무려 세 명 이상의 팬을 보유한 운
동판 마당극 배우이기도 합니다. 삶의 진리를 찾아 중
국에서 8년간 방황한 후 삶의 진리는 현장에 있다는 결
론으로 철거민 현장에 들어갑니다. 이론가가 되고 싶
었으나 머리 크기에 비해 용량이 적음을 깨닫고 현장
운동에 몸으로 부딪치는 중입니다.

들어가기

21세기 사회주의를 위한 발걸음

카라카소

베네수엘라는 세계 5위의 산유국이다. 잠재 매장량까지 따지면 세계 최고라고 한다. 어떻게 보면 축복받은 나라겠지만, 그것은 석유를 실제로 소유한 사람에게나 해당되는 말이다. 자본주의 사회, 계급 사회인 어느 나라나 그렇듯이, 국가가 부유한 것과 국민들이 잘사는 것은 항상 별개의 일이다.

베네수엘라는 1980년대를 지나면서 미 제국주의와 국내 보수 세력들이 한통속이 되어 국가전략산업을 민영화하고 퇴직금 제도와 사회보장 제도를 축소하는 등, 신자유주의 정책을 받아들인다. 이에 따라 급격하게 사회양극화가 진행됐다. 이렇게, 잘사는 소수는 더 잘살게 되고, 못사는 대다수는 완전히 나락으로 떨어지게 된 베네수엘라에서 1989년 2월에 그 모순이 한꺼번에 폭발한다. 이 사건을 '카라카소Caracazo'라고 부른다.

페레스 대통령은 집권하자마자 극단적인 신자유주의 정책을 도입했는데 그 결과 교통비가 며칠 만에 두 배로 오르는 등 모든 물가가 엄청나게 올라 버렸다. 이에 격분한 시민들이 거리로 뛰쳐나와 상점을 약탈하고 폭동을 일으켰고 페레스는 군대를 동원하여 수천 명을 학살하면서 이 폭동을 진압한다.

베네수엘라는 민주행동당AD과 기독사회당COPEI라는 두 당이 번갈아 집권하면서 이른바 미국식 양당정치가 확립되었고, 1950년대 이후로는 남미에서 흔히 일어나는 쿠데타 같은 것도 없이 안정된 정치 상황이 계속되었다. 그러나 실상은 민주행동당, 기독사회당으로 대표되는 보수적인 정당들이 푼토 피호Punto Fijo 협약(1958년)을 통해 기만적인 보수대연합을 실시하여 번갈아가면서 정권을 나눠 먹는 반면, 민중들은 수십 년간 정치에서 소외되었다.

이렇게 계속된 모순들은 카라카소 민중봉기를 통해서 한꺼번에 터져버렸고, 기존의 보수 정치 세력들은 민중들에게 총탄을 퍼부으면서 그들의 반민중성을 폭력적으로 드러내고 말았다.

차베스와 새로운 베네수엘라

이전부터 군부 내에 MBR-200(볼리바르 혁명운동 200)이라는 혁명 세력을 조직하고 있던 우고 차베스Hugo Chavez(당시 중령)는 이러한 상황을 더 이상 보고만 있을 수 없다고 판단하고 1992년 2월, 페레스 대통령 정부를 전복하려는 쿠데타를 시도했다. 그러나 쿠데타는 실패하고 차베스를 포함한 주도 세력들은 감옥에 간다. 얼마 후 페레스는 부패 혐의로 탄핵당하고 새로운 대통령 라파엘 칼데라가 쿠데타를 시도한 사람들을 석방한다.

석방된 차베스는 군부 내의 혁명 세력과 진보적인 시민 세력을 규합하여 '제5공화국운동MVR'을 창당하고, 그 밖의 진보정당들을 '애국기둥'이라는 선거전선체로 묶어서 1998년 대통령 선거에서 56퍼센트에 이르는 역대 최다 득표율로 대통령에 당선된다. 민주행동당과 기독사회당, 두 보수 정당이 번갈아가며 집권하던 베네수엘라에 차베스가 이끄는 MVR이 새로운 정치지형을 만들었다.

차베스는 당선되자마자 공약이었던 제헌의회를 소집하기 위해 국민투표를 실시했고, 국민투표를 통해 제헌의회 소집을 승인받는다. 그리고 이 제헌의회에서 세계에서 가장 민주적인 헌법이라 불릴 만한 '볼리바리안 헌법'을 만든다. 대통령 소환제를 포함해서 수많은 권리를 민중들에게 부여하는 이 헌법을 통해 베네수엘라는 이전 제4공화국의 틀을 벗어던지고 국명도 '베네수엘라 볼리바르 공화국'으로 바꾼 제5공화국으로 들어선다.

새 헌법에 의거해서 2000년에 대통령 선거, 국회의원 선거, 주지사 선거 등 모든 선거를 한꺼번에 새로 치렀고, 사법부도 새로 구성했다. 차베스 진영은 모든 선거에서 좋은 성과를 거두었다. 여기서 제헌의회 전술의 위력을 엿볼 수 있다. 1999년, 차베스가 대통령에 당선된 때는 이미 한 해 전에 국회의원 선거를 치렀고, 보수 세력이 절대다수의 의석을 차지하고 있었다. 만약 제헌의회를 통해 의회, 행정부, 사법부 등의 국가기구 접수를 시도하지 않았다면, 보수적인 의회의 방해 때문에 혁명을 제대로 추진할 수 없었을 것이다.

혁명과 반혁명

MVR은 대통령 선거를 앞두고 급조된 정당이었기 때문에 내부에는 기회주의 세력도 적지 않았다. 이들은 제헌의회 헌법제정 과정이나 개혁적 법안을 준비하는 과정에서 그들의 기회주의적 속성을 드러냈다. 이 때문에 의욕적으로 시작한 개혁 작업들이 잘 진척되지 않았다. 결국 차베스는 결단을 내리고 2001년 11월, 수권법(헌법에서 보장한 대통령의 권한으로 의회의 승인 하에 1년 동안 대통령이 입법권을 행사할 수 있음)을 사용해서 49개의 개혁법안을 통과시킴으로써 지지부진한 개혁에 마침표를 찍었다.

이 법안은 토지에 관한 법률, 어업에 관한 법률, 탄화수소에 관한 법률(석유산업에 대한 민중 통제를 강화하는 법률), 소액금융에 관한 법률, 협동조합에 관한 법률 등 민중들의 이익을 대변하는 내용들로 이루어져 있다. 또한 베네수엘라 국영석유회사PDVSA 이사회에서 기존의 타락한 이사들을 한꺼번에 해임시켰다. 이로써 국부國富의 상당 부분을 차지하는 PDVSA는 진정한 민중들의 소유가 될 기초를 마련했다. 이러한 과정에서 MVR 내의 기회주의 세력들은 차베스 진영에서 빠져나가 반대파에 합류했다.

처음으로 자신들의 이익을 침해당한 베네수엘라의 과두지배 세력들은 2002년 4월, 워싱턴의 미 제국주의자들과 공모하여 차베스를 몰아내기 위한 쿠데타를 일으켰다. 그러나 군부 내 혁명 세력과 민중들은 쿠데타 세력을 대통령궁에서 몰아내고 섬에 갇혀 있던 차베스를 구출해왔다. 그 해 12월에는 보수 세력과 결탁한 어용노조인 베네수엘라 노동자 총연맹CTV이 차베스 퇴진을 내걸고 전국적인 총파업을 벌였다. PDVSA의 노조가 주축이 되어서 진행된 이 파업 역시 두 달 만에 실패로 돌아갔다. CTV의 파업 실패는 정부가 PDVSA를 장악하고 CTV를 무력화하는 계기가 되었다. 이후 노조

안팎의 진보적 인사들은 썩을 대로 썩은 CTV의 대안으로 UNT를 결성한다.

이러한 반혁명 세력의 공세에 대처하는 과정에서 '볼리바리안 서클'을 비롯한 일련의 자발적인 민중조직들은 비약적으로 발전해 갔다. 이들은 MVR의 지도를 받지도 않고, 정부에게 지원금도 받지 않는 자발적인 민중조직이다. 그들은 지역 차원에서 주변 이웃들에게 볼리바리안 헌법을 가르치고 함께 협동조합을 구성하는 등 아래로부터의 민주주의의 기초를 닦는 핵심적 역할을 하고 있다.

2003년 들어 보수 세력들은 '볼리바리안 헌법'에서 국민들에게 보장한 대통령 소환투표를 이용하여 또다시 쿠데타를 계획했다. 차베스 진영에서 만든 민주적인 헌법을 보수반동 세력들이 무기로 사용하게 된 것이다.

대통령 소환투표에 맞서 차베스 진영에서는 2003년 4월부터 빈민가에 병원을 세워 무료로 치료해주고, 문맹을 퇴치하고, 빈민들에게 무상으로 중등·고등 교육과 대학 교육을 제공하고, 시중보다 훨씬 싼 가격으로 생필품을 제공하는 등의 미션Mission들을 시작했다. 이 미션들이 가능했던 것은 각 미션들이 정부가 PDVSA를 완전히 장악하여 그로부터 나오는 재원을 사용할 수 있었기 때문이다.

대중들에게 열렬히 환영받은 각 미션들의 실행, 차베스를 지키기 위한 민중들의 자발적 조직인 '선거전투부대'의 일터와 삶터를 넘나드는 선거운동 결과 200만 표란 압도적인 차이로 차베스의 소환은 부결되었다.

새로운 세계를 위한 전진

잇따른 반혁명 세력의 공세를 민중의 단결된 힘으로 돌파한 베네수엘라는 앞에서 언급한 다양한 미션들을 실행하고 대토지 소유자들의 토지를 몰수하는 법안을 내는 등 지속적으로 개혁 조치들을 실행하고 있다. 그리고 2005년 노동절 집회에서는 '21세기 사회주의'로 나아가자고 선언함으로써, 그동안 미진했던 핵심 산업들과 은행들에 대한 국유화 의지를 천명하고 있다. 또한 차베스는 남미는 물론 전 세계적으로 반미 활동의 선봉장으로서 외교 활동을 활발히 벌이고 있다. 미국이 추진하는 미주지역 자유무역 협정FTAA에 맞서 각 나라의 자주권을 인정하는 대안적인 국가공동체인 미주지역을 위한 볼리바리안 대안ALBA을 강력하게 추진하고 있으며, 미국의 기만적인 대對 테러전쟁을 강력히 비난하는 연설로 전 세계 양심 세력들의 찬사를 받고 있다.

Chavez &
The Bolivarian Revolution

PART

1

볼리바리안 혁명
이전의 베네수엘라

어느 날 아침, 버스 요금이 두 배로 올랐음을 알고 사람들이 항의하기 시작했다. 이러한 항의는 결국 봉기로 이어져 수도 카라카스는 물론 마라카이, 발렌시아, 바르퀴시메토, 시우다드 과야나, 메리다 등 전국의 주요 도시로 퍼져나갔다. 요금이 두 배나 올라버린 버스들은 전복되고 불에 탔다. 그러나 이는 큰 사건의 시초에 불과했다. 봉기가 일어난 지 몇 시간 만에 도심의 가게와 상점이 파괴되고 약탈당하는 일들이 들불처럼 번져나갔다. 굶주리고 분노한 젊은이들은 수도 카라카스의 상업 중심지에 침입했고, 아비야 산 아래쪽에 있는 부유층 거주 지역으로 이동했다. 폭동과 약탈은 밤새 계속되었고 그 다음날까지 멈추지 않았다. 이는 '카라카소'라고 일컬어지는 거대한 대중봉기로 발전했다.

1

몇 가지 키워드로 보는 베네수엘라 역사

시몬 볼리바르

남미해방의 영웅인 시몬 볼리바르Simon Bolivar는 1783년 베네수엘라의 부유한 가정에서 태어났다. 볼리바르의 아버지는 스페인 북부 비스카야 지방 출신이고, 어머니는 원주민과 약간 혼혈인 크리오요 criollo(신대륙에서 출생한 스페인 후손)였다. 볼리바르의 스승인 시몬 로드리게스Simón Rodríguesz는 프랑스 철학자 루소의 영향을 받은 재능 있는 교육자로 볼리바르에게 많은 영향을 미쳤다. 볼리바르는 12살 때 스페인 통치에 대항하여 봉기를 이끈 호세 치리노스Jose Chirinos의 처형을 목격했는데 이 사건도 그의 인격 형성에 영향을 미쳤다.

군에 입대한 볼리바르는 승진과 더불어 사람들의 신뢰를 쌓아간다. 숙부의 권유로 스페인으로 간 볼리바르는 스페인 왕국의 실력자인 마누엘 마요의 후원으로 최상류층에 진입한다. 스페인에서 그는 두 살 연상의 마리아 테레사와 결혼하는데, 마리아 테레사는 1802년 카라카스 여행 도중 열병에 걸려 결혼 8개월 만에 세상을 떠나고 만다. 아내의 죽음에 상심한 볼리바르는 파리에서 3년 반 동안 절망하며 방탕한 생활을 한다.

그러나 볼리바르의 옛 스승인 로드리게스는 볼리바르의 방탕한 생활을 청산시키고, 볼리바르에게 철학과 정치학 서적, 특히 서구 시민혁명의 지적 기반이 되었던 인물들의 저서를 읽도록 이끌었다. 이후 볼리바르는 유럽에서 세계 정세와 새로운 정치사상을 접하며 자신의 한몸을 남미 해방에 바치기로 결심한다.

1808년 유럽에서는 나폴레옹이 스페인 왕정을 무너뜨렸다. 스페인 왕정이 무너지자 카라카스에서는 베네수엘라의 독립을 위해 민중들이 봉기를 일으켰고, 1811년 7월 5일 볼리바르는 카라보보 전투에서 스페인 군을 무찌르고 베네수엘라의 완전한 독립을 가져왔다. 그리고 그 해 12월에는 연방주의, 자유, 평등, 인종에 대한 차별의 전면 폐지, 재산권 보장과 언론의 자유를 규정한 새로운 헌법을 선포했다.

1812년 3월 카라카스와 여러 다른 도시에 강력한 지진이 발생했다. 바르퀴시메토에서는 지진으로 1500명에 이르는 전 부대원이 희생되었다. 그러나 볼리바르는 자연재앙에 굴하지 않았다. 카라카스에서 희생자들을 돕고 있을 때 스페인의 친구들이 방문하여 자연은 스페인 편 같다고 이야기하자, "자연이 우리를 거역한다면, 우리는 맞서 싸워 복종시킬 것이다"라고 자신만만하게 대답했다. 카라카스 시내의 거대한 벽화에도 새겨져 있는 이 말은 1999년 12월 베네수엘라에 거대한 홍수가 났을 때 우고 차베스가 인용하기도 했다.

1819년 볼리바르는 전쟁사에 길이 남을 위대한 업적을 세운다. 지치고 굶주린 2500명의 부대를 이끌고 고온다습한 베네수엘라의 야노스 평원을 출발하여 황량하고 얼어붙은 안데스 정상을 넘어 콜롬비아까지 거의 1000마일을 행군해갔다. 그 해 8월 볼리바르의 군대는 보야카 전투에서 스페인의 주력부대를 상대로 승리를 거뒀고 볼리바르는 콜롬비아에 대한 스페인의 식민 지배를 종식시켰다. 1824년에는 스페인과의 모든 전투가 종결되었다.

시몬 볼리바르 초상화를 곁에 두고 있는 차베스

볼리바르는 스페니쉬 아메리카(스페인의 아메리카 식민지)의 통합을 희망했다. 그는 자신이 군사적인 해방자일 뿐 아니라 정치인으로도 기억되길 원했고 강력한 중앙집권국가만이 강자에 맞서 약자의 자유를 보장할 것이라고 믿었다. 그러나 그가 해방시킨 볼리비아, 페루, 에콰도르, 콜롬비아, 파나마와 베네수엘라는 끝내 통합을 이루지 못했다. 그는 자신이 이룬 모든 성과들이 무너져 내리는 과정을 지켜봐야 했다. 볼리바르가 승리를 거둔 뒤 몇 년 동안, 해방된 식민지는 서로 간의 경쟁과 베네수엘라를 통치한 장군들 간의 불화로 인해 시나브로 분열되었다.

볼리바르는 공직에서 물러났고 건강은 악화되었다. 그리고 47살이 되던 해인 1830년 12월 "혁명에 복무하는 자는 바다에 씨를 뿌리려는 사람과 같다"는 말을 남기고 쓸쓸히 죽음을 맞이했다.

'안데스의 폭군'과 석유

1920년대 말 베네수엘라에 대량의 석유가 발견되자 베네수엘라의 경제와 사회는 급속히 변화한다. 석유의 발견으로 베네수엘라는 미국에 이어 세계 두 번째 산유국이자 주요한 석유 수출국이 되었다. 최초의 유정은 1914년부터 생산하기 시작했고 1922년에는 '베네수엘라 석유채굴회사'가 대규모 천연자원을 발견했다. 이러한 오일 붐Oil boom(대량의 석유 개발)은 1908년부터 1935년까지 철권통치를 휘두르며 '안데스의 폭군'으로 불린 후안 빈센테 고메스Juan Vincente Gómez 정권 시기에 일어났다.

후안 빈센테 고메스 대통령은 베네수엘라의 국익을 보호하기 위해 1918년에 베네수엘라 석유법을 제정하여 석유 매장지로 추정되는 국유 토지의 절반을 '국가보존지역'으로 지정했다. 고메스는 자신을 최대 주주로 하는 '베네수엘라 석유회사'를 설립했고 개발부장관이 석유 채굴을 승인하자마자 국가보존지역을 사들였다. 그런데 이 회사는 제대로 된 채굴을 시작하기도 전에 유전 지역을 매각해버렸고 대부분의 유전은 이미 그 가치를 알고 있던 기업들에게 넘어가 버렸다. 얼마 지나지 않아 외국 기업들이 채굴권을 전부 소유하게 되었다. 1930년대 후반이 되자 미국의 석유 재벌 스탠다드 오일Standard Oil과 쉘Shell이 베네수엘라에서 생산되는 원유의 85퍼센트를 소유하게 되었다.

외국인에게 넘어간 석유산업은 사회의 다른 부문과 달리 고도성장을 하였다. 이러한 과정에서 석유산업은 자체로 학교, 도로, 상점과 병원 등을 갖추며 발전했다. 시간이 지남에 따라 이러한 차이가 완화되긴 했지만 다른 사회 부문에 비해 엄청난 특권을 소유하며 국가 안의 국가로 남아 있었다. 석유 수출로 인한 수입은 정치인에 대한 뇌물과 군대에서 쓰였다.

오일 붐으로 시작된 급속한 산업화는 베네수엘라 농촌을 황폐화했다. 농부들은 자신들의 땅을 버리고 베네수엘라 북부 해안 지역의 라 과이라에서 푸에르토 카베요까지 좁고 길게 형성되어 있는 도심 지역으로 몰려들었다. 농촌이 붕괴되었기 때문에 베네수엘라 농산물의 75퍼센트가 수입품으로 대체되었다. 따라서 베네수엘라는 변덕스러운 국제 농산물 가격에 일희일비하게 되었다.

1928년에는 소규모 학생 반란이 있었다. 이 사건으로, 이후 베네수엘라 민주주의 운동에 중요한 역할을 하는 학술단체(The Influential

Generation of 28)가 만들어졌다. 1935년 안데스의 폭군 고메스가 사망한 뒤, 짧은 민주주의가 시작되었다.

로페스 콘트레라스 장군

고메스의 후임자는 로페스 콘트레라스 장군General Lopez Contreras 이었다. 그는 대통령에 취임하자마자 정치범을 석방하고 수십만 명의 망명자들이 고향으로 돌아오는 것을 허용했다. 갑작스럽게 표현·언론·집회의 자유가 허용되었고 몇 달이 지나지 않아 모든 노동자들이 노동조합을 조직했다.

그러나 고메스 정권부터 내려온 부패한 의회는 여전히 건재했고, 대중들이 내건 요구는 완전히 무시되었다. 결국 1936년 다시 언론검열 조치가 발표되고 나서 로페스는 본색을 드러내기 시작했다. 로페스의 이러한 조치에 대항하여 총파업이 일어났고 군중들은 정부청사로 모여들었다. 그런 시민들을 향해 군대가 발포하는 사건이 일어났다. 민중들의 로페스에 대한 불만은 높아만 갔다. 결국 로페스는 상황타개책으로 독재자의 재산을 몰수하고 국부 확대를 위해 석유 기업들을 압박하는 등의 광범위한 국가 개혁을 약속하는 2월 프로그램February Program을 내놓았다.

그러던 중 1939년에 제2차 세계대전이 일어났고 베네수엘라 석유의 중요성이 부각되었다. 미국의 안정적인 석유 공급처가 되어주는 보답으로 석유 기업들에게 유리한 조건들이 제공되었고 외국의 석유 기업들은 고메스 정권과 결탁해 그의 통치 기간을 연장하는 데 필요한 자금을 제공했다. 이러한 외국 석유 기업의 정치적 부정 때문에 민중들은 국가의 최대 수입원인 석유를 국유화하려는 운동을 일으켰다.

정당의 탄생

베네수엘라의 사회민주주의 정당인 민주행동당(Accion Democra-tica, AD)은 1941년에 창당되었다. 민주행동당은 여러 계급계층을 아우르는 당원들로부터 전국적인 지지를 받았고 그들의 슬로건인 '주권, 존엄, 부귀'는 광범위한 동의를 얻었다. 당의 설립자인 로물로 베탕쿠르Rómulo Betancourt가 작성한 정강, 바란키아 안Plan Barranquilla에는 민족주의적이고 민주적인 혁명에 대한 그의 전망이 요약되어 있다. 또한 현존하는 경제 체제의 변경이 없는 석유 민족주의는 빈민들에게 돌아가는 재화를 축소시킬 것이라면서 혁명을 통한 개혁의 장점을 강조했다.

초기에는 군부가 보통선거 도입에 반대했기 때문에 정당 발전에 어려움이 있었다. 이런 상황에서 민주행동당 지도부는 조속히 권력을 장악하기 위해 군부의 반체제 인사들과 결합하여 애국군부연합 Union Patriotico Militar을 결성했다. 애국군부연합과 민주행동당은 전술적 동맹을 구축하고 마르코스 페레스 히메네스Marcos Perez Jimenez 소령의 지휘 아래 쿠데타를 일으켜 1945년에 권력을 장악한다.

쿠데타는 민주주의적 개혁을 보장했다. 쿠데타 이후에는 민주행동당 지도자인 로물로 베탕쿠르와 라울 레오니Raúl Leoni에 의해 임시정부가 구성되었다. 민주행동당은 "민주행동과 함께 잘살아보세" "민주행동은 베네수엘라 민중이다"라는 대중적인 메시지를 담은 슬로건을 내걸면서 재빠르게 권력을 독점했다.

여성에게도 투표권이 주어지는 보통선거가 실시되자 마에스트로(스승)라고 알려진 민주행동당 대선 후보 로물로 가에고스Rómulo Gallegos는 75퍼센트의 득표율을 기록하는 선풍적 인기를 끌며 1947년 12월 대통령에 당선되었다. 민주행동당은 경제의 다변화와 사회복지 프로그램을 증진시켰고 임금 상승과 더불어 필수 식료품에 대한 지원금을 확대했다. 석유 수입이 당원 증가와 정당의 재원으로 쓰임으로써 정당과 국가 간의 구별이 희미해져 갔다.

기독사회당COPEI은 좌파 성향의 '베네수엘라 학생연합'에 극렬히 반대하던 극우 학생단체에서 출발했다. 1946년 기독사회당은 라파엘 칼데라Rafael Caldera의 지도 아래 정식으로 출범했다. 당의 이념은 가족과 사회단체가 국가 개발에서 중요한 역할을 담당해야 한다는 국제 기독교 민주주의 운동에서 큰 영향을 받았다.

기독사회당은 안데스 산지에 위치한 세 개 주에 주력하고 기독교 교리와 지지자들을 확산시키면서 점차 중앙부로 진출해갔다. 기독사회당의 단골 대통령 후보였던 라파엘 칼데라는 1947년, 1958년 그리고 1963년 대선에 도전했지만 각각 22퍼센트, 16퍼센트, 20퍼센트를 얻는 데 그쳤다. 기독사회당은 1958년 푼토 피호 협정 Punto Fijo Pact으로 알려진 양당 간의 권력분할 합의에 의한 연립정권을 계기로 민주행동당과 밀착관계를 유지하게 된다.

베네수엘라 공산당은 1931년에 설립되었고 그 세를 급속히 확장시켰다. 그러나 정부의 탄압으로 지하로 잠적해야 했다. 정부는 공산당의 영향력 확대를 막기 위해 군대를 파견하기도 했다.

히메네스 독재정권

민주행동당은 집권한 얼마 후부터는 국가를 개혁하려는 시도를 보이지 않았기 때문에 민중들의 지지를 잃었고 1948년 델가도 찰바우드Delgado Chalbaud가 이끄는 무혈 쿠데타로 무너졌다. 가에고스 대통령은 쿠바로 망명했고 베탕쿠르는 콜롬비아 대사관으로 피신했다. 민중들의 저항이나 파업, 폭동, 집회는 전혀 일어나지 않았다.

군사정권은 의욕적으로 공공사업을 벌이고 완벽히 정국을 통제하여 1952년 선거에 자신감을 갖게 되었다. 민주행동당과 공산당이 불법화된 가운데 페레스 히메네스는 비얄바Villalba의 민주공화연합Democratic Republican Union을 압박하기 위해 '독립선거전선'을 조직한다. 그러나 1952년 11월 선거의 초기 개표 결과는 비얄바가 승리한 것으로 나타났다. 임시정부는 혼란에 빠져들었다. 군부는 신속히 선거를 무효화했고 선거 결과를 조작하여 페레스 히메네스가 승리했다고 선언한다. 미국 정부는 군사정권에서 중요한 역할을 하는 페레스 히메네스에 대한 지지를 조용히 발표했다.

페레스 히메네스는 대중들에게 능력 있는 정부로 인정받기 위해 대규모 공공사업을 시작했다. 농업을 기계화하고 댐과 발전소를 건설했으며 철도와 항만을 증축하고 현대화했다. 또한 다음 대선에서도 승리하여 자신의 통치를 연장하기 위해 정국을 조정해갔다.

정치적·경제적 근대화가 추진되는 가운데 히메네스 정권에서의 정치범 수도 증가했다. 정치범들에게는 이루 말할 수 없는 고문이 가해졌다. 노동자들의 파업은 금지되었으며 노조운동은 사실상 궤멸되었다.

1957년 베네수엘라와 미국 간의 무역 규모는 10억 달러에 달했고, 베네수엘라는 미국의 여섯 번째로 큰 교역국이 되었다. 그러나 그런 만큼 경제는 미국에 예속되었다. 『타임』지는 "베네수엘라 법은 외국인에게 자유로운 투자를 허용하고 있으며 미국 기업들은 형식적 관료주의에 구애받지 않고 달러를 벌어들이고 있다"고 떠들어댔다.

이 해, 히메네스 정권은 기독사회당의 지도자 라파엘 칼데라에게만 정치 참여를 허용하고, 자신들의 승리를 공고히 하고자 신임투표를 실시하기로 결정했다. 그러나 칼데라는 이 제안을 거부하여 투옥되었다. 칼데라의 거부로 독재정권의 고립은 심화되었다. 신임투표 결과는 히메네스에 대한 지지율이 81퍼센트인 것으로 나왔으나, 투표 결과는 개표가 완전히 끝나기도 전에 발표된 것이었다.

그러나 히메네스 독재정권은 오래가지 못했다. 1958년 히메네스는 애국평의회Junta patriotica를 중심으로 결집한 민중의 저항에 직면한다(애국평의회는 1957년에 민주공화연합URD의 지도자인 파브리시오 오헤다Fabricio Ojeda와 공산당 지도자인 기예르모 가르시아 폰세Gijermo Garcia Ponce가 만든 조직이다). 공산당은 무장투쟁을 조직했고 민중들의 투쟁은 총파업과 군부 쿠데타가 결합된 형태로 진행되었다. 1958년 1월 21일 카라카스 시에서는 총파업 투쟁이 일어났고, 1월 23일에는 군부가 작전에 착수했다. 결국 민중들의 투쟁은 승리했고 베네수엘라에는 다시 민주정부가 들어섰다. 독재자 히메네스는 수중의 재산을 최대한 챙겨 도미니카 공화국으로 도피했다.

푼토 피호 체제 이후

페레스 히메네스 정권을 권좌에서 몰아낼 수 있었던 건 1인독재의 전횡에 넌더리가 난 사회의 계급, 계층이 연대하여 투쟁했기 때문이다. 민중들의 투쟁이 승리한 후, 볼프강 라라사발Wolfgang Larrazabal 해군 소장이 이끄는 애국평의회 5인방은 헌법의 복권과 연내 대통령 선거를 약속하며 일시적으로 권력을 장악했다. 그러나 애국평의회는 사회를 개혁하기 위한 정책들이 아니라 미국 정부와 기업들을 만족시키기 위한 정책들을 실행했다.

1958년 10월 민주행동당, 민주공화연합, 기독사회당은 민주적 안정성을 유지하기 위해 합의체를 구성하기로 한 푼토 피호 협정에 서명했다. 푼토 피호 협정은 사법부, 군부, 선관위 등을 포괄하는 공직들을 선거의 승패와 관계없이 정당들이 나눠갖는 것을 그 내용으로 하고 있다. 이것은 지난 시기 민주행동당이 보인 전횡을 막기 위한 것이었다. 푼토 피호 협정으로 인해 석유 수입은 정당들을 통해 유권자들과 지지자들에게 분배되었다. 또한 1958년에는 노동자들의 고용안정, 부당해고 금지 요구와 재계의 임금인상 억제 정책을 맞교환하는 노사협정을 체결했다. 1958년 대선에서 로물로 베탕쿠르 후보는 120만 표를 얻어 라라사발 제독과 기독사회당의 라파엘 칼데라를 누르고 대통령에 당선되었다.

1959년 초 피델 카스트로가 혁명 후 최초로 순방하는 길에 카라카스를 방문했다. 이때 50만 명에 달하는 인파가 갈채를 보내며 환호했다. 『뉴욕타임스』의 허버트 매튜 특파원은 이 모습에 대해 "카스트로가 혁명에 승리한 후 방문한 카라카스의 거대한 호응이 베네수엘라 정부를 깜짝 놀라게 했다"고 적었다.

쿠바혁명 승리의 영향으로 카스트로주의자들은 게릴라 투쟁에 나섰다. 이런 상황에 불안을 느낀 베네수엘라 정부는 즉각 행동에 나섰다. 베네수엘라 정부는 미국 편에 서서 카스트로를 고립시키고 쿠바에서 탈출한 보트피플을 받아들였다. 베네수엘라는 미국 마이애미에 이어 두 번째로 많은 쿠바 난민들을 받아들였다. 쿠바 난민들은 베네수엘라 사회 안에서 재빠르게 자신들의 커뮤니티를 구축하며 언론과 재계에서 중요한 지위를 차지했다. 그렇지만 쿠바혁명에서 영향을 받은 베네수엘라 좌파들의 무장투쟁은 대중적인 지지를 얻는 데 실패했다.

베탕쿠르 대통령은 자신의 임기를 무사히 마칠 수 있었으나 과도하게 국가 권력에 의존했다. 1959년 8월 5만 명의 실직자들이 벌인 평화적인 시위에서 보안군이 시위대에 발포하여 세 명이 사망했으며 며칠 뒤에 일어난 학생 시위에서도 경찰이 발포하여 여러 명이 사망했다. 정부의 폭압은 1963년 1200명의 공산주의 혐의자들이 체포되어 수감될 때까지 지속되었다.

이러한 국가 권력의 살인적 폭압은 민주행동당 내에 심각한 분열을 가져왔다. 당의 청년 지도자인 아메리코 마르틴Americo Martin이 당을 나와서 혁명좌파운동MIR을 만들었고 민주행동당의 청년 당원 80퍼센트가 여기에 가담했다. 또한 민주행동당 소속 국회의원 73명 중 14명이 MIR로 소속을 옮겼고, 26명의 국회의원이 탈당했다. 결국 민주행동당은 다수당의 지위를 상실했다.

게릴라 투쟁

1958년 정당 간의 권력분할 협정 후 이 협정에서 소외된 공산당에는 더글라스 브라보Douglas Bravo라는 카리스마 있는 새로운 인물이 등장한다. 더글라스 브라보는 지주의 아들로 태어나 10대인 1950년대에 공산당에 가입했고 국가 전복을 꿈꿨다. 저항군을 조직하거나 게릴라 투쟁에 참여하는 것은 혁명의 성공과 거리가 멀다고 본 브라보는 동료들을 군에 침투시켜 임무를 수행하도록 했다. 당시 군 장교의 80퍼센트가 하층계급이나 농촌 출신이었으므로 브라보의 침투 계획은 군 장교의 구성으로 볼 때 적절했다.

200명의 사관생도들이 노동자들의 총파업 투쟁에 맞추어 쿠데타를 일으킬 계획을 세웠다. 그렇지만 비록 결함은 있다 해도 광범위하게 지지를 받는 민주주의적 통치가 복원됐기 때문에 쿠데타 실행의 기회는 오지 않았다. 그러던 중 푼토 피호 체제의 정당들이 평화적인 저항의 움직임을 억누르자 대중적 투쟁이 확산되기 시작했다.

1962년 4월 최초의 게릴라 투쟁이 라라 주에서 시작되었다. 비록 숫자와 영향력에선 제한적이었지만 게릴라 투쟁은 곧 전국으로 확산되었다. 게릴라 투쟁의 지도부는 더글라스 브라보, 그리고 체 게바라와 접촉하고 있는 베네수엘라 인들이었다. 이 그룹에는 파브리시오 오헤다(페레스 히메네스 정권을 전복시킨 애국평의회에서 중요한 역할을 담당했던 민주공화연합의 지도적 인물)와 호세 미누엘 사혜르(민주행동당 정치인의 아들로 혁명좌파연합에 가담했다가 1962년 잠적)도 포함되어 있었다.

하지만 게릴라 투쟁에서의 진전은 거의 없었다. 그러나 1962년에 해군에서 일으킨 두 번의 쿠데타는 새로운 인물들의 참여를 가져왔다. 1962년 3월에 450명의 수병을 이끈 해군 대위가 카루파노 해군기지를 장악하고 성명을 발표한다. "우리는 더 이상 수많은 부패와 전횡, 살인, 우리 민중들에게 가해지는 고문을 간과할 수 없다." 이 쿠데타는 24시간 내에 진압되었지만 6월에 또 다른 쿠데타를 불러 일으켰다. 두 번째 쿠데타는 카라카스 서쪽으로 70마일 떨어진 푸에르토 카베요 해군 본부에서 일어났다. 『뉴욕타임스』의 표현을 빌리자면 "베네수엘라에서 최근 몇 년 동안 보지 못한 유혈이 낭자하고 잔인한 전투"가 있었다. 전투 후 몇몇은 도피했고 쿠데타 군은 항복했다.

1963년 2월에는 공산주의자, 반체제 군 인사, 독립적 활동가들이 포함된 다양한 게릴라 계파들이 민족해방군Fuerzas Armadas de Liberacion Nacional을 결성한다. 민족해방군은 다국적기업인 시어즈 로벅Sears Roebuck 사의 창고에 방화를 하고 화물선을 납치하고 주 베네수엘라 미국 대사관의 무관을 납치하는 등 다양한 활동을 벌였다. 그러던 중 베탕쿠르 대통령을 암살하려는 시도가 발생하자 12월 대선을 맞아 선거 유세를 하고 있던 공산당 후보들은 전면적으로 활동을 금지당한다.

저항 세력의 선거 보이콧 운동에도 불구하고 90퍼센트의 유권자가 선거에 참여하여 32퍼센트의 지지를 얻은 라울 레오니가 베탕쿠르의 후임으로 선출됐다. 그 후에도 상황은 달라지지 않았다. 역시 선거를 통하여 기독사회당 지도자 라파엘 칼데라가 레오니 대통령의 후임으로 대통령이 되었다.

이러한 국민들의 선거 정치에 대한 압도적인 참여는 게릴라 투쟁에 쓰라린 결과를 가져왔다. 결국 게릴라들은 자신들의 활동을 재고하고 선거 공간으로의 진출을 고려하게 되었다. 공산당은 무장 투쟁에서 구속자 석방으로 방향을 전환하고, 1965년 무장 투쟁을 계속해야 한다고 주장하던 더글라스 브라보를 축출했다.

1966년에는 파브리시오 오헤다의 죽음이 게릴라 운동을 강타했다. 그는 페레스 히메네스 독재정권과의 투쟁, 이후 1960년대의 사회개혁을 위한 투쟁을 연결하는 역사적 대변자였다. 게릴라 투쟁은 1970년대 초반 완전히 붕괴됐다.

2

IMF가 불러온 민생고와
민중의 분노, 카라카소

'전기충격요법'의 도입과 민중의 분노

1989년 2월 초, 카를로스 안데레스 페레스Carlos Perez가 베네수엘라 대통령으로 취임했다. 페레스는 1970년대에도 대통령을 지낸 적이 있는 보수정치꾼이었다. 그는 취임한 지 얼마 되지도 않은 2월 10일에 '전기충격요법'이라고 불리는 일련의 신자유주의 경제 정책을 전격적으로 도입했다. 어려운 경제를 살리겠다는 이유를 들었지만, 미 제국주의의 경제 침략 첨병인 IMF의 요구를 문자 하나 바꾸지 않고 그대로 수용했다. 국가의 핵심 산업들, 특히 석유산업을 이른바 민영화라는 명분으로 미국 회사들에게 갖다 바치고, 서민들의 삶을 지탱하는 사회보장 제도를 대폭 축소하고, 그나마 서민들에게 도움이 되었던 가격통제 제도를 폐지했다. 이러한 전기충격요법의 영향은 곧바로 나타났다. 교통비는 며칠 만에 100퍼센트가, 생활 필수품 가격도 서민들이 감당할 수 없을 정도로 올랐다. 어떤 노동자에게는 자신의 하루 일당보다 교통비가 더 많이 드는 웃지 못 할 일이 생겼다. 베네수엘라 민중들의 분노는 하늘 끝까지 치솟았다.

어느 날 아침, 버스 요금이 두 배로 올랐음을 알게 된 사람들이 항의하기 시작했다. 이러한 항의는 결국 봉기로 이어져 수도인 카라카스는 물론 마라카이, 발렌시아, 바르퀴시메토, 시우다드 과야나, 메리다 등 전국의 주요 도시로 퍼져나갔다. 요금이 두 배나 올라버린 버스들은 전복되고 불에 탔다. 그러나 이는 큰 사건의 시초에 불과했다. 봉기가 일어난 지 몇 시간 만에 도심의 가게와 상점이 파괴되고 약탈당하는 일들이 들불처럼 번져나갔다. 굶주리고 분노한 젊은이들은 수도 카라카스의 상업 중심지에 침입했고, 아비야 산 아래쪽에 있는 부유층 거주 지역으로 이동했다. 폭동과 약탈은 밤새 이어졌고 그 다음날까지 멈추지 않았다. 이는 카라카소 Caracazo라고 일컬어지는 거대한 대중봉기로 발전했다.

30년 전인 1958년 1월에 페레스 히메네스 장군의 독재를 끝장내기 위해 베네수엘라 국민들이 거리로 나선 일이 있었다. 30년 후인 1989년에 거리로 나선 사람들은 미 제국주의와 국내 지배 세력이 추진하는 신자유주의 정책에 분노해서 거리로 나왔다. 그러나 1958년의 봉기가 조직적이고 정치적 목적이 명확했던 반면, 1989년의 카라카소는 그야말로 자생적이고 즉각적으로 대중의 분노가 표출되었다.

정부는 이러한 대중봉기를 전혀 예상하지 못했다. 정부는 2월 28일 정오에 국무회의를 소집하여 계엄령을 선포하고 저녁 시간에 통행

금지를 실시했다. 며칠 후에 군대는 무자비하게 봉기를 진압하기 시작했다. 군대는 빈민촌으로 이동해서 폭동이 빈번히 일어나는 지역을 외부와 차단했다. 그들은 움직이는 것이면 무엇이든 쐈다. 정부 측은 사망자가 372명이라 추산했지만 실제로는 수도 카라카스에서만도 2000명 이상이 사망한 것으로 알려졌다. 그 밖에 부상자도 수천 명을 헤아렸다.

혁명운동의 불씨

이렇게 카라카소라고 불리는 대중봉기가 일어날 당시에 우고 차베스는 중위였다. 그 당시 차베스는 군 내부의 젊은 장교들을 조직해서 MBR-200(볼리바르 혁명운동 200)이라는 좌파 성향의 비밀조직을 결성하고 있었다. 차베스와 그의 동지들은 베네수엘라 민중들이 비참한 삶을 살 수밖에 없는 잘못된 현실을 바꾸기 위해 준비를 하고 있었다. 그러나 전혀 예상치 못한 시기에 갑작스럽게 대중봉기가 일어나게 되었고 MBR-200의 혁명적 군인들은 오히려 대중봉기를 진압하기 위한 작전에 투입되었다.

그 당시 차베스는 전염병에 걸려 집에서 요양을 하고 있었다. 그러나 그의 혁명동지인 프란시스코 아리아스 카르데나스와 펠리페 아코스타 카를레스Felipe Acosta Carles는 빈민 지역에서의 진압에 참여해야 했다. 이 과정에서 아코스타는 총에 맞아 죽는다. 차베스와 그의 동료들은 비밀경찰DISIP이 군대 내의 좌익혁명 조직에 자신들이 가담한 것을 알고 있을 거라고 생각했다. 그럴 경우 폭도가 아니라 오히려 비밀경찰에게 죽을 수도 있는 일이었다. 사람들은 차베스가 그 시기에 병에 걸려 집에 있었던 것은 행운이라고 말한다.

군부의 강력한 진압으로 도시들은 며칠 만에 원래대로 돌아왔다. 그러나 군대의 무차별 발포로 빈민 지역 사람들 수천 명은 이름도 모르는 무덤에 묻히게 되었다. 부유층 사람들은 자신들을 지키기 위해 거주 지역의 울타리와 안전장비를 강화했으며, 자신들이 폭동에서 무사할 수 있었음을 다행으로 생각했다.

무엇보다도 카라카소 민중봉기는 민중들을 총탄으로 진압한 군대에 가장 큰 영향을 미쳤다. 무고한 시민들을 쏴 죽이는 데 참가한 군인들은 죄의식에 사로잡혔고, 차베스와 MBR-200의 혁명적 군인들은 자신들이 아무 일도 할 수 없었던 것에 대해 심한 자괴감을 느꼈다. MBR-200은 이전부터 좌파 정당 및 1960년대의 몇몇 게릴라 운동의 생존자들과 접촉해왔지만 카라카소 민중봉기 상황에서는 아무 도움도 되지 못했다.

그러나 카라카소를 계기로 군대의 혁명에 대한 인식이 달라지기 시작했고 차베스가 이후 군대를 동력으로 하여 볼리바리안 혁명을 진행할 수 있는 토대를 만들었다. 이미 베네수엘라는 달라지기 시작한 것이다.

Chavez &
The Bolivarian Revolution

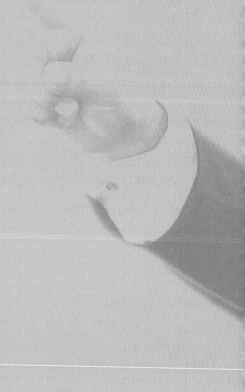

차베스,
혁명을 준비하다

1982년 12월 17일 차베스와 그의 동료들인 라울 바두엘, 헤수스 우르다네타 그리고 펠리페 아코스타 카를레스는 역사적 명소인 '사망 데 귀에레Saman of Guere'의 거대한 나무 밑에 모였다. 남미의 영웅인 시몬 볼리바르가 군대를 주둔시키기도 했던 의미 있는 장소였다. 시몬 볼리바르는 이탈리아의 몬테 사크로에서 스페인의 식민 지배에 맞서 "하느님 앞에 조국과 명예를 걸고 맹세한다. 내 팔과 영혼은 강대한 힘으로 민중을 억압하는 사슬을 깨뜨릴 때까지 결코 쉬지 않을 것이다"라고 맹세한 적이 있다. 차베스와 동지들은 이를 변용하여 "조국을 구하고, 군 경력을 존중하며, 부패에 맞서 싸울 것"을 맹세했다.

3

진보적 군인들, 혁명을 준비하다

진보적 군인의 등장

중남미는 전통적으로 미국의 뒷마당이라 불릴 정도로 미국의 입김이 센 곳이다. 수십 년간 미국의 정책에 보조를 맞추며 쿠바를 적대시하는 데 앞장서던 베네수엘라에서 우고 차베스를 비롯한 진보적 성향의 군인들이 출현한 배경은 무엇일까?

그 원인 중 하나로 1971년부터 시행된 '안드로스 벨로 플랜'을 들수 있다. 이 프로그램의 시행으로 베네수엘라의 군인들은 다른 중남미 나라의 군인들과 달리 SOA(School of the Americas)를 거치지 않고 국내 사관학교에서 교육을 받았다. 그럼으로써 미국에 우호적인 군인들이 아닌 자주적이고 진보적인 군인들을 양성할 수 있었다.

사관생도들은 쉬는 시간마다 진정한 적이 누구인지 토론했다.

또한 일반대학에서 민간 학생들과 함께 통합교육을 받음으로써 다양한 정치이론뿐 아니라 학생들의 진보적인 사상을 받아들일 수 있었다. 이전까지는 진급이 인맥이나 연줄에 좌우되었지만 이 프로그램이 도입되자 진급 과정에서 각 개인의 실력과 공적이 좀더 큰 비중을 차지하게 되었다. 또한 청년 장교들이 시민사회로 나와 좌익 게릴라 운동의 생존자들과 접할 수 있는 환경이 조성되었다. 이 혁명적 장교들은 진급해 가면서 민중을 위한 혁명적 쿠데타를 언제 수행할지 신중하게 고려하기 시작했다.

진보적 군인, 우고 차베스

사관학교, 혁명의 요람

메이저리그 야구선수를 꿈꾸던 가난한 소년, 우고 차베스는 라파엘 칼데라의 첫 임기 때 바리나스에 위치한 사관학교에 입학했다. 그 당시에는 새로운 세계를 꿈꾸던 농촌 출신의 가난한 젊은이들이 사관학교로 모여들었다. 젊은 시절의 차베스는 선조가 중남미 해방혁명에 참여한 각별한 경험 때문에 역사에 관심이 많았고, 그것이 그의 정치적 사고에 영향을 미쳤다.

1974년 동료들과 함께 페루에서 열린 아야쿠초 전투 150주년 기념행사에 참석한 것을 계기로 차베스는 정치에 대해 새롭게 인식하게 되었다. 페루는 1968년부터 군 출신인 후안 벨라스코 알바라도 Juan Velasco Alvarado 장군이 정권을 잡고 광범위한 개혁 정치에 착수하면서 혁명적 군대와 좌파 정당의 지지를 받고 있었다. 차베스는 이곳에서 진보적인 군사정권이 어떤 것인가를 처음으로 알 수 있었다. 페루에서의 경험은 차베스와 그의 동료들에게 깊은 인상을 남겼다.

차베스는 사관학교에서 자신과 뜻을 같이하는 동료를 만났는데, 급진적 성향을 가진 헤수스 우르다네타 에르난데스 Jesús Urdaneta Hernández였다. 그들은 지금의 군대는 매우 실망스러우며 자신들이 기대했던 것과는 너무 다르다는 데에 생각이 일치했고 곧 친구가 되었다. 차베스는 우르다네타에게 자신의 혁명적 조직에 대한 구상을 털어놓았고 그에게 새로운 시도를 제안했다. "군대 내부에 운동 세력을 만들어야 한다." "우리가 게릴라에 합류할 수는 없다. 그것은 이미 끝장났다. 우리의 전망은 게릴라 방식과는 맞지 않다."

1975년 차베스는 사관학교를 마치고 중위로 임관한다. 처음 2년 간은 국경 지역의 바리나스 지역에서 게릴라 소탕 작전에 배치됐다. 1976년에는 반데라 로하Bandera Roja(붉은 깃발)가 주도하는 게릴라 소요 사태를 진압하는 임무를 받고 쿠마나로 이동했다. 반데라 로하 는 극좌 게릴라 단체였지만 게릴라 투쟁은 이미 전국적으로 사멸의 과정을 밟고 있는 터라 차베스가 할 일은 거의 없었고, 게릴라 전사 들이 남기고 간 사회주의 사상을 담은 책을 보며 시간을 보냈다.

게릴라 출몰 지역에서 차베스가 처음 맞닥뜨린 것은 게릴라와의 전투가 아니라 전국에 산재해 있는 빈곤이었다. 부패한 군인들은 무지한 농부들을 고문하고 게릴라로 둔갑시켜 공적을 쌓고 있었다. 이런 모습들을 본 차베스는 분노했고 비참한 생활을 이어가고 있는 농민들과 게릴라들에게 동정심을 가지게 되었다. 그는 이러한 문제 들이 부패한 정치의 결과라고 생각했다. 자신의 적은 공산주의가 아니라 제국주의였던 것이다.

1977년에는 처음으로 몇몇 친구들과 정치운동을 시작했으며 그 들은 혁명을 꿈꾸며 '베네수엘라 인민해방군ELPV'이라는 조직을 구성하기도 했다. 초기에 베네수엘라 인민해방군은 그들의 미래에 중요한 지표를 제공했다.

1978년 차베스는 마라카이에서 잠시 근무하고 2년 후 다시 카라 카스에 있는 사관학교로 돌아왔다. 이번에는 사관생도가 아니라 교 관 신분이었다. 1980년부터 1985년까지 사관학교에 근무하며 생도 들에게 스포츠, 역사와 정치를 가르쳤는데 지적이고 카리스마 있는 교관으로 학생들에게 매우 강한 영향을 주었다.

그는 진급해서 다른 곳으로 갈 수도 있었지만 그렇게 하지 않았다. 사관학교야말로 볼리바르 운동의 기반이 되어줄 미래의 장교들을 확보할 수 있는 최적의 장소이기 때문이었다. 그들과 계속 접촉하며 운동 진영으로 끌어들이는 일은 매우 중요했기 때문에 이를 두고 다른 곳으로 갈 수는 없었다. 훗날 이렇게 교육받은 청년 장교들이 차베스가 주도하는 1992년 2월 쿠데타에서 주력을 담당하게 되었으니, 차베스에게 의미 있는 5년이었다.

혁명을 맹세하다

1982년 12월 17일 차베스와 그의 동료들인 라울 바두엘Raul Baduel, 헤수스 우르다네타 그리고 펠리페 아코스타 카를레스는 역사적 명소인 '사망 데 귀에레Saman de Güere'의 거대한 나무 밑에 모였다. 그곳은 남미의 영웅인 시몬 볼리바르가 군대를 주둔시키기도 했던 의미 있는 장소다. 시몬 볼리바르는 이탈리아의 몬테 사크로에서 스페인의 식민 지배에 맞서 "하느님 앞에 조국과 명예를 걸고 맹세한다. 내 팔과 영혼은 강대한 힘으로 민중을 억압하는 사슬을 깨뜨릴 때까지 결코 쉬지 않을 것이다"라고 맹세한 적이 있다.

차베스와 동지들은 이를 변용하여 "조국을 구하고, 군 경력을 존중하며, 부패에 맞서 싸울 것"을 맹세했다. 카라카소 당시 암살당하는 펠리페 아코스타를 제외한 나머지 동지들은 앞으로의 혁명 과정에 있어 차베스에게 든든한 원군이 된다.

볼리바르 혁명군을 건설하다

1983년 7월 24일 차베스는 정부를 전복하기 위해 동지들을 규합하여 군 내부에 볼리바르 혁명군EBR-200(카라카소 이후에 MBR-200으로 명칭이 바뀐다-편집자 주)이라는 비밀조직을 만들었다. 200이라는 숫자는 베네수엘라의 국민적 영웅인 시몬 볼리바르가 탄생한 지 200주년이 되는 1983년에 만들어졌음을 기념하는 것이다. EBR-200은 1983년 당시, 구성원 대부분이 차베스처럼 젊은 장교들이었고 모두 28살을 넘지 않았다.

조직의 목표는 혁명을 통해서 남미해방이라는 시몬 볼리바르의 이념을 실현하는 것이었다. 초기에는 이러한 맹세를 어떻게 실현해야 할지 명확하지 않았다. 그들은 함께 모여서 군대와 국가의 역사를 공부하고 현재의 정치적 문제들을 토론했다. 그 결과 지금의 정치 상황을 바꿔야 한다는 결론에 도달했다.

그들은 칠레의 아옌데Salvador Allende 정권을 전복시킨 쿠데타와 오마르 토리호스Omar Torrijos 장군이 이끄는 파나마의 군사적 실험을 토론했으며, 좌파적 전망을 가진 결론들을 도출했다. 차베스와 동지들은 페루의 벨라스코 알바라도 장군의 시도에도 공감했다. 그들은 토리호스와 벨라스코를 연구하며 그들의 지지자가 되었으며 피노체트Augusto Pinochet의 사례를 보면서 피노체트 반대주의자가 되었다.

EBR-200은 혁명에 대한 구체적 고민보다는 정치학습 서클 형태로 시작했다. 젊은 장교들은 베네수엘라가 직면해 있는 문제들과 역사를 학습하면서, 현존하는 정치 체계를 전복시켜야 한다고 생각했다. 이른바 '베네수엘라 민주주의'라는 것은 실제로는 민중을 기만하고 있는 완전한 엉터리였기 때문이다. 1999년 인터뷰에서 차베스는 당시의 심정을 밝히고 있다.

"이른바 베네수엘라 민주주의 제도라는 것은 이전의 마르코스 페레스 히메네스 독재 때(1945~1948)나 지금이나 다를 것이 없습니다… 군인 출신인 고메스가 집권하건 의사 출신인 라파엘 칼데라가 집권하건 겉모습만 다를 뿐 정치적으로나 경제적으로 똑같은 지배 체제입니다. 인간의 기본적인 권리를 부정하며, 민중이 자신의 운명을 스스로 결정할 권리도 부정한다는 점에서 마찬가지입니다."

차베스, 변방으로 쫓겨나다

군 수뇌부는 군부 내에서 볼리바르 운동을 전개하던 우고 차베스를 위험분자로 낙인찍었다. 그들은 차베스를 수도 카라카스에서 가능한 멀리 떨어진 변방으로 보내 쿠데타 가능성을 사전에 차단하려 했다. 1986년 결국 차베스는 혁명 운동 전파를 위해 남아있던 사관학교를 떠나 콜롬비아 국경 부근의 아푸레(베네수엘라 서부 평원에 있는 주)의 엘로르사라는 작은 마을로 전출되었다. 이곳은 바리나스 남쪽에 위치해 있는데 버스로 내륙 쪽으로 12시간이나 달려야 하는 거리였다.

차베스는 1986년에서 1988년까지 아라콰-메타의 변경 지역에서 근무하면서 '민-군 협력증진 프로그램'을 실험해 보았다. 이 프로그램을 시험하면서 군대를 사회 발전의 동력으로 만들기 위한 노력을 기울였다. 이렇게 시간을 보내던 중 차베스는 기적적으로 다시 카라카스로 돌아가게 되었다. 1988년 차베스는 대통령궁인 미라플로레스로 들어가서 국가안전보장회의의 보좌관으로 근무하기 시작했다. 국경 지대의 엘로르사 지역에서 동료 혁명가들로부터 고립되어 불리한 처지에 있던 차베스는 카라카스로 돌아온 후부터는 열성적으로 EBR-200 운동을 조직할 수 있었다. 하지만 다음 해인 1989년 2월, 카라카스에서 조직화되지 않은 시민들의 대규모 봉기, 카라카소가 일어나리라고는 예상하지 못했다. 따라서 정작 실제 상황이 닥쳤을 때는 움직일 수가 없었다.

카라카소, 쿠데타를 위한 일보전진

카라카소, 혁명에의 요구를 촉발시키다

앞에서도 서술했듯이, 1989년 2월 27일 페레스 정권에 의해 수용된 세계은행과 IMF가 제시한 충격요법의 여파가 베네수엘라 전역을 강타했다. 산유국의 전통에 따라 저렴한 유가를 유지하고 있던 베네수엘라에서 유가가 인상되고 이어 버스 요금도 두 배로 올라가자 대중들의 분노가 폭발했다. 격노한 시민들이 도시 전체에 방화를 하고 상점을 약탈했다. 이 대중봉기는 카라카소Caracazo 또는 사쿠돈Sacudon이라 불리며 EBR-200 운동에 중요한 계기를 만들었다.

EBR-200의 구성원들은 자신들이 바라마지 않던 봉기가 발생했지만 예상하지 못했던 사건이라 조직적으로 대응하지 못했고 오히려 정부의 명령으로 진압 현장에 파견됐다. 이때 차베스 자신은 전염병에 걸려 병상에 누워 있었고 EBR-200의 초기 멤버인 펠리페 아코스타는 비밀경찰에게 암살당했다.

많은 군인들이 유혈진압에 동원되어 정권의 하수인들에 의해 저질러진 참상을 목격했고, 민간인 학살에 대해 죄책감을 느꼈다. 과두정권에 의해 유지되는 허울뿐인 민주주의가 위기 상황에서 얼마나 잔인할 수 있는지를 알게 된 많은 군인들은 현 체제에 대한 환상을 버렸고 더불어 혁명에 대해 반감을 가지고 있던 군인들의 인식도 변모해 갔다. 군 내부에서 현 체제를 바꿔야 한다는 생각들이 팽배해지자 EBR-200의 가담자들이 폭발적으로 증가했다. 베네수엘라 대의 제도의 취약성이 극명하게 드러난 상황에서 즉각적인 개혁이 요구되었지만, 정부나 정당 조직, 노동자들 그 누구도 만족할 만한 조치를 취하지 못했고 신뢰를 잃었다. 이에 대안 세력에 대한 요구가 들끓었다.

카라카스에서 민중봉기를 겪은 차베스는 절호의 전략적 기회를 잃은 것을 아쉬워했고 이번 위기가 부패한 민주행동당, 기독사회당의 양당 정치가 가져온 필연적 결과라는 인식에 도달한다. 카라카소 이후 차베스는 '야만적인' 신자유주의에 대한 대응으로 볼리바르 민-군 합동 쿠데타를 준비하는 데 박차를 가한다.

'군대'에서 '운동'으로

베네수엘라의 기성 좌파들은 역사적으로 민간-군대 연합에 대해 갖고 있던 부정적 인식 때문에 그에 대한 대안으로 게릴라 투쟁에 경도되어 있었다. 그러나 차베스는 이를 거부했다. 과거의 활동가들은 게릴라 투쟁을 위해 산속에 들어갔다가 결국에는 기존 체제에 투항하는 모습을 보여 왔다. 또한 고립을 자초하며 노동계나 농촌, 빈민가에서 민중들의 투쟁을 이끌 지도 역량을 손상시켰다. 이런 상황 속에서 좌파 그룹들은 카라카소를 통해 활성화하고, 연대를 발전시키기 시작했다.

차베스는 베네수엘라 혁명당PRV을 이끌던 더글라스 브라보와 접촉했다. 그는 전설적인 게릴라 지도자로 차베스의 형인 아단 차베스와 연계를 갖고 있었다. 하지만 차베스는 브라보와는 중요한 지점에서 의견이 일치하지 않았다. 브라보는 혁명 과정에서 민간운동 진영을 우위에 두고 군대의 역할을 단순한 무력요소로 제한했다. 차베스는 이에 반대했다. 차베스에게 있어 군대는 혁명을 이끌 사회적 동력이었다. 이러한 견해 차이로 더글라스 브라보와는 결별하게 된다.

1989년 카라카소 이후, 1940년대에 버스 노조 지도자 출신의 영향력 있는 인물인 루이스 미퀼레나Luis Miquilena에 의해 '애국전선'이 구성되었다. 애국전선은 정견을 달리하는 수많은 정파들이 모였기 때문에 곧 분열되었지만 당시 구성원 중 일부는 차베스의 중요한 후원자가 되었다. 그 중 한 명인 카라카스 중앙대학의 철학교수였던 페드로 두노Pedro Duno는 카라카소 2년 후인 1991년에 기고한 글(「Ultimas Noticias」)에서 베네수엘라의 현 상황에서 합리적인 논쟁, 법, 권리의 사용은 무용하다며 '최후의 수단ultima ratio'을 사용할 것을 권유했다.

카라카소 이후부터는 민간인들도 볼리비아 혁명군EBR-200에 가담하기 시작하면서 명칭을 볼리바르 혁명운동(Movimiento Bolivariano

Revolucionario-200, MBR-200)이라고 변경한다. 볼리바르 운동은 더 이상 군 내부의 비밀조직이 아니었다. 기득권층만을 위한 베네수엘라의 현 체제를 무너뜨리기 위해서 군대의 힘만으로는 부족했다. '군대Ejercito'에서 '운동Movimiento'으로의 전환은 이러한 변화를 강조하기 위한 것이었다.

차베스, 다시 쫓겨나다

카라카소가 일어난 몇 주 후, 차베스는 대통령궁인 미라플로레스 관저에서의 업무에 복귀했다. 그러는 동안, 그는 자신이 무언가를 꾸미고 있다는 것을 알아차린 대통령궁 방위군들을 만났다. 그들은 시민들을 학살한 데 대해 괴로워하고 있었고 볼리바르 혁명운동에 대해 알고 싶어 했다. 그들은 대통령 관저 방위군 병사들이었으며 차베스의 기억에 따르면 정부가 신뢰하던 사람들이었다. 이렇듯 대통령궁 방위병들마저 동조할 정도로 분위기는 무르익어 갔다. 계획은 순조롭게 진행되어가고 있었고 결정적인 행동을 위한 움직임은 더 이상 미룰 수 없었다.

그러나 당국은 차베스를 감시하고 있었다. 그 해 연말인 1989년 12월, 차베스는 다른 장교들과 함께 갑자기 체포되었다. 그들은 크리스마스를 기해 쿠데타를 일으킬 것이라는 혐의를 받았고 대통령을 비롯한 고위 장성을 암살하려 했다는 혐의도 추가되었다. 그러나 증거 부족으로 석방되었다. 정부는 각 군에서 최고로 인정받고 있는 군인들을 기소하는 것에 부담을 가지고 있었다. 결국 정부는 차베스를 포함한 모두를 카라카스의 연방정부에서 멀리 떨어진 변경 지역으로 보내버렸다.

1990년 차베스는 마투린 지역에서 대민담당 업무를 수행했다. 그리고 시몬 볼리바르 대학에서 정치학 과정을 밟는 것도 허용되었다. 이후 쿠마나로 근무지를 옮기지만 한직을 전전하는 것에 압박을 느끼고 있었다. 하지만 다행히도 1991년에는 마라카이에 주둔하는 공수부대 사령관이 은퇴하여 그 자리를 물려받을 수 있었다. 마찬가지로 다른 MBR-200의 주요 지도자들도 전투부대의 지휘관으로 임명되어 쿠데타를 위한 강력한 수단을 확보할 수 있었다. 마리카이는 비교적 카라카스의 대통령궁에서 가까웠기 때문에 쿠데타 계획을 세우는 데 있어 지역적 고립이 큰 문제가 되지 않았다.

한편 차베스가 공수부대 사령관직에 취임하기 바로 직전, 차베스의 혁명운동에 관한 활동을 담은 보고서가 드러나면서 위기에 직면한다. 이 보고서는 차베스에 대한 사건 기록을 담고 있었다. 그러나 군 정보당국은 이 기록들을 무시했고 오히려 보고서를 제출한 소령이 정신과 검진을 명령받으면서 무사히 위기를 넘길 수 있었다.

플랜 사모라

1991년 차베스와 다른 MBR-200 지도부는 차베스가 주로 인용하는 전 시대의 영웅 중 한 명인 에세키엘 사모라Ezequiel Zamora의 이름을 붙여 자신들의 쿠데타 코드명을 플랜 사모라Plan Zamora라고 지었다. 그렇지만 차베스와 다른 MBR-200 지도부는 쿠데타 실행 계획에도 불구하고 쿠데타 이후 수립될 대체 정부에 대해 구체적인 계획이라고 할 만한 것을 내놓지 못했다. 그들이 미래에 구성하게 될 정부는, 정부 운영에 관해 기본적 구상을 하게 되는 1991년 말까지 모호한 채로 남아 있었다.

또한 쿠데타 일시를 정하는 데 있어서도 의견이 분분했다. 사람들마다 주장하는 시기가 달랐으며 많은 초급 장교들은 쿠데타를 조기에 실행할 것을 주장했다. 1991년 12월에 쿠데타를 실행하자는 제안이 있었으나 차베스는 이것도 거절했다.

그런데 1992년 1월 말, 차베스는 자신에게 기회가 얼마 없다는 사실을 깨달았다. 자신이 콜롬비아 국경의 황폐한 작은 마을로 전출될 것이라는 소식이 들려온 것이다. 베네수엘라는 북부 지역인 카리브 연안을 따라 수도 카라카스를 비롯한 주요 도시들이 늘어서서 국가의 중심부를 이루고 있었다. 차베스가 이곳에서 떨어져 변경의 외딴 지역으로 간다면 MBR-200의 쿠데타를 지도하는 것은 불가능했다. 더 이상 기다릴 수 없었다. 차베스를 비롯한 쿠데타 지도부는 마지막 회합을 갖고 차베스가 전출되기 전에 행동을 개시하기로 결정했다. 쿠데타 일은 1992년 2월 4일로 확정됐다.

MBR-200의 쿠데타 군은 병력을 증강했다. 중령 5명, 소령 14명, 대위 54명, 중위 67명, 소위 65명, 부사관 101명과 병사 2056명이 쿠데타에 가담했다. 총 2367명의 병력이 열 개의 각기 다른 부대에서 동원되었다. 베네수엘라 병력 전체의 10분의 1에 해당하는 병력이었지만 공수부대와 전차부대를 비롯한 정예들이 포함되어 있었다. 그들은 준비에 박차를 가하면서 당시 스위스에서 열린 세계경제포럼 참석차 국외에 있는 페레스 대통령이 돌아오길 기다렸다.

5

혁명적 군인의 애국적 봉기

1992년 2월, 쿠데타 실행하다

차베스와 MBR-200 주요 세력의 쿠데타 계획은 수도 카라카스로 진군한 뒤 대통령과 고위 장성들을 체포하고, 군대를 장악한 후 새로운 정부를 세우는 것이었다. 차베스는 전군의 10퍼센트는 쿠데타를 확실히 지지하겠지만 나머지는 통제할 수 없다고 판단했다. 만약 대통령 체포에 실패한다면 차베스를 지지하지 않는 군 지휘관들이 대통령을 지지함으로써 쿠데타가 수포로 돌아갈 가능성이 높았다.

쿠데타를 위한 마지막 회합은 팬아메리카 고속도로 주유소에서 공군 소속 프란시스코 비스콘티 오소리오Francisco Visconti Osorio와 루이스 레예스 레예스Luís Reyes Reyes가 참석한 가운데 이루어졌다. 1992년 2월 2일 자정쯤에 대통령궁의 정보원으로부터 대통령의 귀

국일시를 들은 차베스와 MBR-200 세력은 쿠데타 진행에 착수했다. 2월 3일 저녁, 쿠데타 가담자들은 카라카스 진입을 위한 사전작업으로 마라카이와 마라카이보 등의 도시에 있는 군부대를 통제했다. 2월 4일 아침, 마침내 차베스가 이끄는 다섯 개 부대가 수도 카라카스로 진격했다. 차베스는 대통령을 마이퀘티아 공항에서 생포하여 역사박물관으로 후송할 계획을 세웠다. 차베스 부대는 국방부를 공격하는 한편 시내의 군용 공항과 대통령궁으로 향했다. 차베스는 대통령궁 인근의 역사박물관으로 진입하여 전국적인 통신망을 사용해 쿠데타를 지휘하기 시작했다.

실패한 쿠데타와 대중의 지지

그러나 페레스 대통령을 공항에서 생포하려던 계획은 실패로 돌아갔다. 공항을 기습하기 위해 특공대까지 조직했지만 공항의 경비가 삼엄해져 공항 진입에 실패했다. 이후 공항에서 대통령궁으로 가는 고속도로 터널 입구를 불붙은 차로 봉쇄하고 대통령을 생포하려 했으나 이 역시 병력의 열세로 실패하고 말았다. 그 다음에는 대통령의 집을 공격하여 생포하려 했으나 대통령은 예상치 못한 통로로 도주해 버렸다.

카라카스 시내 곳곳에서 쿠데타 군이 대통령궁을 공격했지만 모두 실패했다. 증원군은 시 외곽에서 차단당하고 공군의 가담자들은 너무 위험하다는 이유로 출격을 꺼렸다. 방송국을 점령하기로 했던 민간 그룹도 역시 실패했다. 쿠데타는 매우 어려운 상황에 빠졌다.

2월 4일 아침, 페레스 대통령은 텔레비전 방송에 출연해 마라카이에서 군사 쿠데타가 있었으나 지금은 진압중이라고 발표했다. 이 방송을 본 차베스는 쿠데타가 실패했음을 깨닫고 투항하기로 결정했다. 더 이상의 유혈참사를 피하기 위해 차베스는 텔레비전 방송 연설로 쿠데타에 가담한 동료들에게 투항할 것을 권고했다. 이때 차베스의 방송 출연은 1분 정도밖에 안 됐다. 그러나 이 방송으로 인해 차베스는 민중들의 뇌리에 깊이 각인된다.

차베스의 항복 방송은 아라구아와 발렌시아에 있는 공수부대와 전차여단에 전달됐지만 그 지역을 장악하고 있던 부대는 항복할 의사를 보이지 않았다. 차베스는 그들이 따르지 않는다면 유혈참극이 일어날지도 모른다는 생각에 확신에 찬 목소리로 다음과 같이 말했다.

"지금 수도에서 우리의 계획은 실패하고 우리는 권력을 장악할 수 없게 되었다. 동지들은 임무를 훌륭히 수행했으나 지금 이 순간은 다시 생각해봐야 할 시간이다. 기회는 다시 올 것이다. 깊이 생각하라. 나는 동지들의 충성과 용기와 헌신에 감사한다. 이 사태의 모든 책임은 나 홀로 지겠다."

이 짧은 방송 연설 중 '이 사태의 모든 책임은 나 홀로 지겠다'는 차베스의 말과 '지금 이 순간'이라는 말은 민중에게 큰 충격을 주었다. 쿠데타 실패에 책임을 지는 차베스의 모습, 이것은 이전까지 베네수엘라의 어느 정치인에게서도 볼 수 없는 모습이었다.

화폐 평가절하, 은행 파산, 부패, 경기 하락 등으로 민중들의 삶은 파탄이 났지만 베네수엘라의 그 어떤 정치인도 사과하지 않았고 비판을 받아들이지 않았다. 그러나 차베스는 실패의 책임을 졌다. 이것은 민중들에게 신선한 충격이었다. 또한 '지금 이 순간'이라는 차베스의 말은 대중들에게 쿠데타의 목적을 지금 당장은 완수하지 못하지만, 언젠가는 다시 투쟁에 나설 것이라는 의미로 받아들여졌다. 이 말은 몇 년 후 그가 복귀한다는 암묵적 약속이 되었다.

쿠데타가 실패로 끝난 후 차베스를 비롯한 쿠데타 주동자들은 투옥되고 구체제의 정치인들은 극적으로 복귀했다. 쿠데타 이후 군대는 심각하게 분열되고 대다수의 국민들은 차베스를 비롯한 쿠데타 지도자들을 지지하게 되었다. 쿠데타 기간 동안 14명의 군인이 사망했고 50명이 부상당했으며, 쿠데타에 참여한 많은 군인들이 구속되었다. 또한 80명의 시민이 교전으로 부상당했다.

차베스는 장기형을 선고받았다. 처음에는 산 카를로스 감옥에 수감되었고 이후 야레의 산 프란시스코 감옥으로 이감되었다. 수감생활 동안 차베스에게는 라디오 방송과의 인터뷰도 허용되었고, 이후 그의 정치활동에서 중요한 역할을 하는 사람들을 포함하여 많은 방문객들을 만날 수 있는 기회도 주어졌다. 차베스는 수감생활 동안 사회과학 및 정치철학 등에 대해 깊이 사색할 시간을 가질 수 있었다.

쿠데타 전략을 포기하다

차베스가 수감되어 있던 1992년 11월에 또 한 번의 쿠데타 시도가 있었다. 쿠데타 주모자는 에르난 그뤼버Hernán Grüber 제독이었다. 2월 쿠데타 이후 군대의 혁신과 사회개혁의 요구를 담은 '7월 보고서'가 제출되었다. 그러나 7월 보고서에 따른 개혁은 진행되지 않았다. 이에 문제를 느낀 그뤼버 제독은 새로운 쿠데타를 준비했다. 이 쿠데타에는 해군의 카브레라Cabrera 제독과 공군의 비스콘티 장군 그리고 급진주의당Causa R 출신의 민간인들이 참여했다. 또한 차베스의 지시를 받는 MBR-200의 생존자들도 가담했다. 이들은 스스로를 베네수엘라 독립투쟁일을 기념하여 '7월 5일 운동'이라고 불렀다.

1992년 12월에는 지방자치단체장 선거가 예정되어 있었기 때문에 그뤼버 제독과 7월 5일 운동 세력은 그 이전에 쿠데타를 감행하기로 결정했다. 1992년 11월 27일 그뤼버 제독과 7월 5일 운동 세력은 쿠데타를 일으켰다. 그러나 심각한 실수와 준비 부족이 드러났고, 핵심 인물들도 중요한 작전에서 실패했다. 특히 이들이 범한 최악의 실수는 통신장비를 제대로 설치하지 못한 것이다. 그 결과 그뤼버 제독은 다른 지휘관들과 접촉하지 못하고 고립됐다. 그나마 다행인 것은 방송국을 장악한 것이었다.

이들은 준비한 연설이 전국에 방송되면 시민들이 쿠데타를 지지하여 참여할 것이라고 희망적으로 예측하고 있었다. 그러나 텔레비전에는 준비한 방송연설이 아닌 전투장면들과 마스크를 두른 사람들이 약탈을 자행하는 장면들만 방송되었다. 방송국에서 연설 테이프가 바뀌었거나 기술진이 고의로 다른 것을 방송했는지는 알 수 없다. 분명한 것은 그뤼버 제독이 의도했던 쿠데타에 대한 국민적 지지는 일어나지 않았다는 점이다. 결국 그 날 정오경에 페레스 대통령은 모든 일이 잘 해결되었으며 그뤼버 제독이 항복을 선언했다고 발표했다.

1992년 두 번의 쿠데타 실패는 차베스로 하여금 무장봉기를 계속하겠다는 생각을 포기하게 만들었다. 두 번의 쿠데타 실패로 MBR-200의 핵심들은 투옥되거나 사임을 강요받고 있었다. 이제 MBR-200은 조직할 수 있는 군사적 역량도 없었고, 감옥에서 운동을 추동할 수도 없었다.

감옥에 있는 동안 차베스는 자신에 대한 대중들의 지원을 구체
화하기 위한 계획들을 준비하기 시작했다. 대중들은 차베스를 비롯
한 쿠데타 세력을 지지하고 있었다. 그러나 이러한 대중들의 지지
를 이끌어낼 대중조직이 없었다. 그래서 차베스는 '볼리바리안 위
원회'를 제기한다. 그리고 이 제안은 대중들과 쿠데타 세력이 함께
할 수 있는 소규모 조직을 만들자는 내용으로 발전한다. 당시에는
이러한 조직이 노출되면 탄압을 피할 수 없었기 때문에 비밀리에
준비해 나갔다.

1993년에는 선거가 화두로 떠올랐다. 1992년 발생한 두 번의 쿠
데타에도 권좌를 유지했던 페레스 대통령은 두 장관과 함께 부패
혐의로 기소되어 대통령직을 사임한다. 페레스의 남은 임기는 역사
가인 라몬 벨라스케스Ramon Velazquez가 맡게 된다.

차베스와 그의 지지자들은 선거가 있기 몇 달 전부터 '능동적 기
권'이라고 불리는 선거 보이콧 캠페인을 시작했다. 캠페인은 "기존
정당과 선거에 반대하며, 민중들을 위한 제헌의회에 찬성하자"는
내용이었다. 차베스의 지지자들은 이러한 슬로건을 들고 여러 지역
을 순회하면서 민중들을 조직하며 선거에 반대한다는 서명을 받았
다. MBR-200의 구성원들은 캠페인을 통해 기권 운동의 목적, 제헌
의회의 내용, 정당 제도에 대한 비판 등 여러 주제로 민중들과 대화
를 나눌 수 있었다. 또한 포럼과 워크숍을 조직하고 몇 번의 라디오
와 TV 인터뷰를 통해 MBR-200의 입장을 전달했다.

1993년 대선에서 라파엘 칼데라와 급진주의당Causa R은 차베스의
쿠데타를 정치적으로 이용하려 했다. 급진주의당은 쿠데타 세력의

투옥을 자신들 정당의 상징으로 삼고 차베스를 포함한 몇 명의 군인들이 자신들의 지도부라고 선전했다. 칼데라 등의 정치인들도 쿠데타 때 차베스를 지지했다고 말하며 선거에서 지지를 얻으려 하였다.

1993년 선거는 베네수엘라 정치 사상 최초로 네 명의 주요 후보가 비슷한 득표율을 보였다. 이것은 경제 위기, 카라카스의 민중봉기, 두 번의 쿠데타와 기존 정당의 내부 갈등 등 기성 정당의 정치력이 붕괴됐다는 것을 의미한다. 선거 결과 30퍼센트를 가까스로 넘긴 칼데라가 새로운 대통령으로 선출되었다. 칼데라가 당선된 데에는 의회에서 차베스의 쿠데타를 옹호했던 유명한 연설이 큰 역할을 했다. 칼데라 대통령은 대선 승리에 차베스의 공을 인정하여 재임 초기에, 1992년에 있었던 두 번의 쿠데타에 관련된 인물들을 석방시켰다. 차베스도 1994년 3월 27일 팜의 감옥에서 석방되었다.

'로사 엄마'와의 추억

차베스는 1954년 11월 28일에 가난한 농가에서 태어났다. 아버지 우고는 교사였지만 초등교육도 간신히 받은 사람이었고 어머니 역시 매우 가난한 집안 출신이었다. 차베스에게는 다섯 명의 형제가 있는데, 차베스는 둘째다.

차베스는 주로 친할머니인 로사 이네스의 보살핌을 받으며 어린 시절을 보냈다. 차베스와 형제들은 할머니를 '로사 엄마'라고 불렀을 정도로 할머니와 친밀한 사이였다. 할머니는 반 정도는 원주민 혈통을 가진 사람이었다. 차베스는 "할머니는 노래도 좋아하시고 수줍음도 많은 분이셨지만 우리에게 여러 가지 이야기를 많이 들려주셨습니다. 그리고 매우 조용한 분이셨습니다. 결코 화내는 법이 없어서 언제나 평화스런 분위기가 넘쳐흘렀습니다"라고 이야기하고 있다.

차베스는 할머니와 지내면서 일하는 것의 즐거움과 소중함을 몸소 겪으면서 성장했다. 차베스는 할머니와의 추억을 떠올리며 다음과 같이 이야기했다.

"나는 할머니에게서 배운 것이 정말 많습니다. 나는 언제나 일하는 것을 좋아했어요. 농사를 짓고 추수하고 판매하는 것은 재미있는 일이었습니다. 할머니는 매우 온화한 분이셨습니다. 아이스크림 가게에 갈 때면 언제나 '우고, 아이스크림 가게에 가자'고 부르셨어요. 우리는 아이스크림 가게에 주스나 캔디, 아이스크림을 만들 오렌지를 팔기도 했습니다. 5볼리바르를 받고 오렌지 500개 정도를 팔았습니다. 그때는 항상 손수레를 사용했는데 나는 능숙하게 다룰 수 있었습니다.

오렌지를 딸 때에는 나와 함께 일하기 좋아하는 동생 나르시소가 오렌지 나무에 올라갔어요. 형은 공부하는 것을 좋아하는 편이라 돕긴 했어도 큰 도움은 못 되었습니다. 형은 일할 때 약간 게으름을 피우는 편이었죠. 내가 나무에 올라가서 오렌지를 하나씩 던지면 동생은 오렌지가 상하지 않게 자루에 담았습니다. 자루는 금방 채울 수 있었습니다. 오렌지를 자루에 담은 후 손수레로 날랐습니다. 할머니는 항상 이렇게 말씀하셨죠. '오렌지 120개를 채우고 남은 것은 아이스크림 가게에 가져다주렴.'

우리는 파파야뿐 아니라 아보카도도 팔았습니다. 아보카도 나무가 있어서 열매를 팔 수 있었습니다. 할머니는 성모 마리아를 위해 과일로 디저트를 만들기도 했습니다. 할머니는 우리에게 읽고 쓰기뿐 아니라 새를 기르는 법과 작물에 물을 주는 법을 비롯해 많은 것을 가르쳐 주셨습니다."

차베스의 역사의식은 할머니가 들려준 얘기들을 통해서 많은 영향을 받았다. 할머니는 차베스에게 베네수엘라의 독립영웅인 사모라 장군과 5년 전쟁에 대한 이야기를 해주었다. 특히 차베스의 삼촌은 사모라 장군을 찾아 길을 나섰지만 끝내 돌아오지 않았다고 한다.

차베스의 외가 쪽에서도 차베스의 역사의식에 영향을 준 중요한 일이 있었다. 차베스는 어린 시절에 외가 쪽 친척으로부터 외증조부가 살인자였다는 말을 듣고 충격을 받은 일이 있었다. 군복무 시절에 차베스는 사실을 알기 위해 콜롬비아까지 갔다가 스파이로 몰려 감옥에 갇히기도 했다. 결국 외증조부는 살인자가 아니라 잘못된 정부를 바로잡기 위해 싸우던 게릴라 전사였음을 밝혀냈다.

혁명의 바다, 베네수엘라에 가다

다음은 이 책의 저자 중 한 사람인 이주성 씨와 부인 안송이 씨가
2006년 4월 28일부터 5월 6일까지 카라카스에 머물면서 찍은 사진들과
그에 대한 설명이다(http://interviewtravel.net).

카라카스의 산동네

카라카스의 하층민, 빈민들은 주로 이런 산동네에서 산다. 집들은 빽빽이 들어차 있으며 골목은 좁다. 벽돌과 시멘트만으로
짓다 만듯 쌓아올린 집에 창은 있지만 유리가 없다. 이들에게 창문의 유리는 사치다.

고층 빌딩과 피부가 흰 사람들이
살고 있는 카라카스 시내보다는
이곳 산동네가 더욱 정겹다.

가파른 비탈길 끝까지
집들이 다닥다닥 붙어 있다.
(위)

비라도 내리는 날이면 언덕길은
더욱 아득하게 느껴진다.
오토바이를 타고 내려가는 이와
마을버스 뒤에 매달린 채 집으로
돌아가는 아이들이 보인다.
(아래)

차베스를 지지하는 내용의 플래카드다.
이런 플래카드는 마을 곳곳에서 볼 수 있다.
벽에는 "우리가 각성한다면, 우리는 우리의
공동체를 건강하고 행복하게 만들 수 있다"고
쓰여 있다.

라스 까시따스 마을 이야기

라스 까시따스는 카라카스에 있는 작은 산동네 마을이다. 어느 산동네처럼 흑인들이
모여살고 있는데 유일한 백인 거주자가 바로 「볼리바리안 혁명」을 연출한
마르셀로 안드라데다. 공동체 운동의 역사도 오래되었고, 활발한 활동이 이루어지고
있는 이 마을에 청년 마르셀로가 들어온 지도 벌써 3년이 지났다.

라스 까시따스 마을에는 공동체 라디오방송국이 있다. FM 92.5에서 24시간 내내 마을 주민을 대상으로 방송한다.
카라카스 대부분의 마을에는 이러한 소규모의 공동체 라디오들이 있다. 또 일부는 공동체 텔레비전도 운영하고
있다. 사진의 두 사람은 공동체 라디오의 엔지니어인 마이클(왼쪽)과 아나운서인 루치아노(오른쪽)다. 16살의
루치아노는 랩을 하듯 흥겨운 목소리로 다음 노래를 소개하거나 우리의 방문을 이야기한다. 방송 운영을 담당하는
21살의 마이클은 연신 추임새를 넣으며 다음 노래를 고르거나 음량을 조절한다.

방송국은 항상 열려 있다.
옆집 꼬마친구가 방송 중에 끼어들어
이야기하기도 한다.

창문 대신 폭격을 맞은 것처럼 벽을 허물어 놓은 2층 방이 스튜디오다. 컴퓨터 한 대, 앰프와 마이크, 그리고 한쪽 벽면을 가득 채운 CD들이 방송 장비의 전부다. 그리고 나머지 벽면은 각종 포스터로 도배되어 있다.

HORARIO: MODIFICABLE

HORA	LUNES	MARTES	MIERCOLES	JUEVES	VIERNES	SABADOS	DOMINGOS
08:00 A 09:00	MÚSICA DE LA RADIO CONTINUA	MÚSICA CONTINUA	MÚSICA CONTINUA	MÚSICA DE TODOS LOS GÉNEROS	MÚSICA VENEZOLANA	MÚSICA VENEZOLANAS	PROGRAMACIÓN DE LA RADIO
09:00 A 10:00						MÚSICA ALTERNATIVA	PROGRAMACIÓN DE LA RADIO
10:00 A 11:00					MÚSICA ROCK-POP		
11:00 A 12:00						MÚSICA AFROAMERICA	PROGRAMACIÓN DE LA RADIO
12:00 :01:00							
01: A 02:00	MÚSICA CONTINUA RADIO	MÚSICA CONTINUA				PROGRAMA DE VALLENATO	PROGRAMA DE VALLENATO
02:00 A 04:00		"	MÚSICA CONTINUA	MÚSICA CONTINUA	PROGRAMA DE LA RADIO MÚSICA CONTINUA G: SANDIA	EL BAUL DE LA SALSA SEX	EL BAUL DE LA SALSA
04:00 A 06:00		"				MÚSICA TEMAS VIEJO MAS	SALSA SEX
06:00 A 07:00		"					
07:00 A 08:00	PROGRAMA JONDER RAP Y SUS AMIGOS	PROGRAMA JONDER RAP Y SUS AMIGOS	PROGRAMA JONDER RAP Y SUS AMIGOS	PROGRAMA JONDER RAP Y SUS AMIGOS	PROGRAMA JONDER RAP Y SUS AMIGOS	PROGRAMA JONDER RAP Y SUS AMIGOS	LIBRE
08:00 A 09:00							
09:00 A 10:00							
10:00 A 11:00	PROGRAMAS DEL COMITE DE SALUD, TIERRAS	MÚSICA ROCK-POP	MÚSICA VARIADA	MÚSICA VARIADA	MÚSICA VARIADA	MÚSICA VARIADAS	MÚSICA VARIADAS
11:00 A 12:00							
01:00 A 06:00							

NOTA: NO quitar DE LA CARTELERA, YA que SINO SE PUBLICA NO SE PUEDE administrar EL TIEMPO DEL PROGRAMA.
EL QUE quite este horario será severamente sancionado con la suspención de 2 programa do saber quien lo quito   atentamente: JACKSON gonzales   por la RADIO ACTIVA

공동체 라디오의 방송편성표다. '계속 음악'이라는 프로그램이 가장 많지만
24시간 방송되는 이 채널은 마을에서 가장 인기가 있다.

방송국에 붙어 있는
카라카스 공동행동의 날 포스터다.
가장 중요한 이슈는 물이다.
카라카스의 산동네에는 물이
안정적으로 공급되지 않는다.
주민들은 한 달에 절반 정도는
단수로 고통을 겪어야 한다.
그 밖에 신자유주의적인 미국의
중남미 전략에 대한 반대,
선주민 거주 지역 보호 등에 대한
주장 등도 있다.

볼리바르가 횃불을 들고 있는
모양의 미주지역을 위한
볼리바리안 대안ALBA의 포스터다.
차베스는 미국 주도의
미주자유무역지대FTAA에 대항하는
ALBA를 제안했다.
그 구체적인 방안으로 쿠바,
볼리비아와 함께 인민무역협정을 맺고,
카리브 해 국가들과 함께
카리브 해 석유동맹을 결성했다.

스튜디오에서 찾은 옛 사진들

이곳의 지역공동체들은 오랜 역사를 갖고 있다.
이들은 지역공동체를 통해 아프리카 인들의 집단적인 문화를 유지해왔으며,
또 지금은 볼리바리안 혁명을 아래에서부터 지탱하는 힘이 되고 있다.

다큐멘터리 「볼리바리안 혁명」을 연출한 마르셀로의 집에 초대받았다.
마르셀로의 집은 '그들'의 아지트다. 그들은 마르셀로와 함께 미디어운동과
공동체운동을 고민하고 실천한다.

마르셀로.
토론할 때는 무척이나
진지하지만 보통 때는
천진난만한 소년 같다. 20대
초반 청년의 패기가
아름답다.

마르셀로는 2005년 한국을 방문했을 때, 사가지고 온 강주를 우리에게 대접했다. 물론 오
랫동안 마개를 꽉 막아두지 않아 김이 다 새어버리긴 했지만 그들이 우리에게 준 감동은
아직 변하지 않았다.

지역공동체

카라카스의 지역공동체들간 협의 회의를 하고 있다. 카라카스는 22개의 구로 이루어져 있고 마을마다 지역공동체가 있다. 주로 흑인들이 밀집해 있는 산동네에 공동체가 활성화되어 있다. 지역공동체간의 협의 회의는 매주 토요일에 열리고, 각 지역의 현안에 대한 공동의 논의와 정치적인 사안에 대해 토론한다. 정해진 회의 진행자 없이 15세 청년부터 50세 장년 활동가까지 자유롭게 논의하는 것이 매우 인상적이다.
물론 이러한 방식의 회의는 매우 오랜 시간을 필요로 한다. 회의는 토요일 아침 일찍부터 시작해서 저녁까지 계속된다.

오후 1시가 조금 넘어 한 주민의 집으로 옮겨 점심을 먹는다. 회의를 개최하는 마을에서 점심을 대접하는 모양이다. 한국의 닭도리탕과 비슷한데 밥에 얹어 먹는다. 우리는 다른 마을에서 온 공동체 활동가들과 이야기를 나누었다.

점심을 먹으면서도 이들은 서로의 안부를 묻고 담소를 나누거나 활동에 대한 이야기를 하거나 진지한 토론을 계속한다.

마을에서 풍년을 기원하는 행사를 하고 있다.
아프리카의 전통의식과 가톨릭 종교가
결합되어 있다. 그들은 모든 것으로 훌륭한
타악기 연주를 해낼 수 있는 뛰어난 재주를
갖고 있다.

이 마을에서는 일주일에 한 번씩 영화를
상영한다. 이 날은 마르셀로의
「볼리바리안 혁명」을 상영했다
(위)

영화제는 역시 아이들이 가장 좋아한다.
물론 오프닝으로는 아이들이 좋아하는
만화영화를 상영한다.
(아래)

영화가 끝난 후에는 모여서 토론을 한다. 특별히 격식을 갖춘 토론은 아니어서 그랬을까… 이 날은 주로 2002년 4월 쿠데타와 이를 저지하는 민중들의 투쟁 당시, 자신의 무용담을 이야기하는 분위기가 되었다.

메이데이

2005년 5월 1일 사회주의 혁명이 진행 중인 곳에서의 메이데이. 정부에서 주최하는 메이데이 공식행사장에는 많은 노동자와 운동단체, 시민들이 모여들었다. 차베스는 2004년 8월 소환투표에서 승리한 후 첫 번째 맞이하는 2005년 노동절에서 "베네수엘라는 21세기 사회주의로 나아가야 한다"고 선언했다. 정부 주최의 집회지만 획일적이고 정리되어 있다는 느낌보다는 다양하고 생동감 넘치는 일종의 자발적인 축제였다. 집회 참가자들의 주된 주장은 미국에 대한 반대, 중남미의 연대와 단결, 그리고 베네수엘라에서의 관료주의 척결과 지속적인 개혁의 수행 등이었다.

공공부문 노동자 전국연합FENTRASEP의 행렬이 지나가고 있다.

Edo. Bolivar는
베네수엘라 동남부에 있는
볼리바르 주다.

"아니라고 말하라"
차베스 소환에 반대할 것을 주장하는 피켓이다.
많은 집회 참가자들은 소환 반대 투쟁 때 사용하던 피켓들을 그대로 들고 나왔다.

"제국주의에 반대하는 이들이여 단결하자. 우리의 주권을 수호하기 위하여!"

"자랑스러운 민중의 승리! 잊지 말자"

1810년 4월 19일은 스페인 총독을 축출하고 베네수엘라
임시정부를 수립한 날이다. 2002년 4월 13일은 민중의 힘으로
쿠데타 세력을 몰아낸 날이다. 다음날 새벽 48시간 동안
구금되었던 차베스가 대통령궁으로 되돌아 올 수 있었다.

집회 장소에서도 역시 미디어 활동가들을 많이 만날 수 있었다.
이들은 생생한 집회 소식을 지역 주민들에게 알리는 역할을 담당한다.
베네수엘라의 혁명을 지지한다는 간단한 인터뷰를 마치자
그들은 우리에게 한국의 통일을 기원한다는 인사를 건넸다.

볼리바르의 초상을 들고 있는 집회 참석자

친미 정치인들의 행각과 미국이 전 세계에서 저지른 만행을
알리는 선전물들이다.

투쟁도 하나의 축제!
흥겨운 춤과 음악이
빠지지 않는다.

마르셸로의 영상물
「볼리바리안 혁명」을 판매하기 위해
그의 동료들이 나섰다.

메이데이 행사 연단

행사의 마지막 순서로 차베스 대통령이 연단에 오른다.
집회에 참석한 이들은 술렁이며 무대 쪽으로 몰려든다.
차베스의 인기는 정말 대단했다.

집회 후 차베스 지지자들이 몰려 있다.
(위)

무장경찰들의 삼엄한 경비도 곳곳에서
확인할 수 있었다. 실제 여러 차례 유혈충돌이
있었기 때문에 집회에서 가장 우려하는 것도
극우 세력이 폭력 사태를 조장하는 것이다.
(아래)

작은 혁명들

민중을 위하는, 또 민중을 진정한 주인으로 거듭나게 하는
혁명들이 베네수엘라 곳곳에서 진행중이다.

수도와 전기도 제대로 공급되지 않는 산동네지만 인터넷을 통한 정보만큼은 다른 곳에 뒤떨어지지 않는다.

지역 주민을 대상으로 기초적인
컴퓨터 교육이 이루어진다.
물론 아이들이 가장 좋아한다.
수도와 전기도 제대로 공급되지 않는
산동네지만 인터넷을 통한 정보만큼은
다른 곳에 뒤떨어지지 않는다.

정보센터 앞에 모인 아이들. 정보센터는 정부의 지원으로 마을에 설립되었고 모든 이들이 컴퓨터와 인터넷 설비를 무료로 이곳에서 이용할 수 있다.

정보센터의 담당자인 네우디.
네우디는 17세 소녀로 일정한 교육을 수료한 이후
이곳 담당자로 일하고 있다.

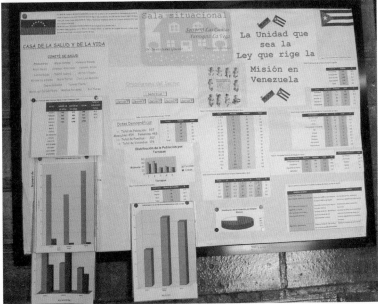

'마을 속으로'라는 뜻의 의료 프로젝트인
'바리오 아덴트로'. 의료 선진국인 쿠바 출신의
의사 수천 명이 이곳 카라카스 산동네에
수많은 작은 간이병원을 만들었다.
(위)

쿠바와 베네수엘라의 협력을 보여주는
자료들이다. 베네수엘라는 석유를, 쿠바는
의료진을 제공한다. 보수 진영에서는 이것을
원시적 물물교환이라 비난하지만
이것이야말로 이윤을 위한 국제 무역이 아닌
인간을 위한 새로운 국제 관계다.
(아래)

쿠바 출신 의사 선생님이다.
외국인들조차 무료로 진료를 받을 수
있다. 한국에서 10만 원이나 했던
황열병 예방접종을 이곳에서는
무료로 맞을 수 있다.

지하철 역에서 볼 수 있는 바리오 아덴트로 광고판이다.

메르칼은 정부 지원으로 운영되는 슈퍼마켓이다.
쌀, 빵, 햄, 우유 등과 같은 기초적인 식료품을 시중 가격의 절반에 공급한다.
이것이 바로 빈곤으로부터 벗어나는 싸움의 시작이다.

마을의 초등학교다.
정부의 지원을 받아 주민들에 의해 운영된다.

교육 프로젝트 미션 리바스의
지역 담당자인 동네 아주머니.
소정의 교육을 받으면 누구나 미션의 담당자가
될 수 있고, 지역 주민들이 지역 사업의 주체가 된다.

Chavez &
The Bolivarian Revolution

차베스,
개혁을 시작하다

무엇보다도 가장 중요한 것은 탄화수소법이다. 그동안 베네수엘라의 석유산업에서 나오는
이익금들은 대부분 미국의 석유재벌들, 그리고 이에 기생하는 베네수엘라 국내 자본가 및 관료들의
뱃속으로 들어가고 있었다. 이 법은 그러한 구조를 근본적으로 바꾸는 시도다.
석유산업에 참여하는 사기업에 이전보다 훨씬 높은 30퍼센트의 로열티를 부과하고,
외국 기업과의 합작에서 베네수엘라 국영석유회사PDVSA가 51퍼센트 이상의 지분을 소유하도록
하고 있다. 차베스 정부는 이로써 PDVSA를 통해 석유산업에 대한 통제권을 강화하고,
외국으로 빠져나가는 이익금의 상당 부분을 로열티로 환수해서 무상의료,
무상교육 및 빈민구제 사업에 쓸 수 있는 재원을 마련할 수 있었다.

6

선거 전략으로 승리하다

발전하는 MBR-200

1994년 3월에 출옥한 차베스는 그의 정치적 미래를 고민하기 시작했다. 처음에 그는 선거에 참여하려 하지 않았다. 기존 정치 시스템은 너무 부패했고, 새로운 인물이 들어가기에 너무 비대했기 때문이다. 그래서 그는 그의 정치적 입장에 대한 두 가지 원칙을 공표하는 데에 주력했다. 하나는 의회의 해산이고 또 하나는 새로운 국가 건설을 위한 제헌의회의 소집이다.

MBR-200과 차베스는 자신들의 조직을 전국적인 정치조직으로 발전시키기 위해 노력했다. 전국을 돌아다니며 조직을 건설하고 제도권 정당들과는 다른, 경직되지 않고 권위적이지 않은 내부 절차를 만들기 시작했다. 그들은 1980년대 이래로 발전시켜온 사상을 널리 퍼뜨리고, 정치적인 전략을 세우고, '시몬 볼리바르 계획'이라는 장기적인 정치 프로그램의 틀을 다듬어 갔다.

그렇지만 MBR-200의 조직 구조는 다른 베네수엘라 정당들과 크게 다르지 않다. '볼리바리안 서클Bolivarian Circle'이라는 기초 조직은 다른 정당의 세포나 위원회와 비슷한 소규모의 지역 그룹들로 이루어져 있다. 하지만 독특한 점은 가입을 원하는 사람에게 "성실하고 정직하며 겸손하고 단결을 실천하겠다"는 맹세(볼리바리안 언약)를 요구한다는 점이다.

볼리바리안 서클 위로는 지역 볼리바리안 조정자Municipal Bolivarian Coordinators가 있고, 그 위로는 국가의 모든 주에 광역 볼리바리안 조정자Regional Bolivarian Coordinators가 있다. 그 상위에는 전국 지도부National Directorate가 있다. 전국 지도부는 조직의 모든 최종 결정권을 가진다. 1996년에 이 지도부는 두 명의 전직 군대 장교와 두 명의 민간인으로 구성되어 있었다. 전직 군대 장교는 우고 차베스와 루이스 다비야Luis Dávila였고, 민간인 두 명은 프레디 베르날Freddy Bernal과 레티시아 바리오스Leticia Barrios(여성)다. 지도부가 두 명의 군인과 두 명의 민간인으로 구성된 것은 MBR-200이 민간부문과 군부문의 균형을 위해 노력하기 때문이었다.

볼리바리안 서클은 종종 정치적인 사안을 토론하기 위해 지역회의를 조직한다. 이 회의는 볼리바리안 서클 멤버를 훈련하고 교육하는 중요한 자리다. 지역회의에는 민간부문과 군부문 사이에 정치적 스타일이나 대인관계에서 비롯된 의견 차이가 명백하게 존재했고, 그것이 마찰과 긴장을 불러일으켰다. 그러나 지도자들은 정치적 토론을 자주하고 서로를 더 잘 알게 되면 민간인이 가지고 있는 군 장교에 대한 편견과 군 장교의 경직성과 정치적인 미숙함을 극복하는 데 도움이 된다고 믿었다. 결국 이러한 진전은 민주주의적인 자세와 수평적인 관계를 강화시켰다. 1996년 MBR-200 측은 운동이 빠르게 확산되고 있는 몇몇 주에서 주 차원의 지역회의를 소집했다. 급진주의당Causa R과 다른 좌파 정당들과 비슷하게 MBR-200 역시 의사결정 과정에서 합의가 이루어질 때까지 토론한다. 1995년 선거에 참여하지 않기로 한 것도 이런 식으로 결정됐었다.

MBR-200의 사상은 베네수엘라혁명당PRV의 영향을 받았다. 차베스는 자신이 주장하는 바를 나타내기 위해 세 개의 뿌리를 가진 나무의 형상을 사용했다. 각각의 뿌리는 19세기 세 명의 베네수엘라 인물의 사상과 관련이 있다. 그 세 명은 에제퀴엘 사모라Ezequiel Zamora, 시몬 로드리게즈Simon Rodriguez, 시몬 볼리바르Simon Bolivar 다(PRV에서는 1970년대부터 이야기된 것이다). MBR-200 측, 특히 차베스는 이것을 그들의 정치적 주장에 창조적으로 적용해서 큰 성과를 거두었다. 1992년 이래로 MBR-200은 평화적이면서도 혁명적으로 정치적 변화를 이루는 수단으로 제헌의회를 제기했고 이런 제안을 시민사회의 다른 조직들과 공유했다.

MBR-200의 제헌의회 요구는 선거 보이콧에 대한 조직적 지원과 밀접하게 관련되어 있었다. 근래의 선거들이 부정선거이면서 대중의 의사를 드러내지 못했기 때문에 선거 보이콧을 제안한 것이다. 1993년에는 이런 선거 보이콧 제안이 혁명동지였던 프란시스코 아리아스 카르데나스Francisco Arias Cardenas가 조직에서 탈퇴하는 동기가 되기도 했다. 그가 줄리아 주의 주지사 후보로 나서 달라는 급진주의당의 지명을 수락했기 때문이다.

MBR-200에서 MVR로의 전환

1997년 차베스와 MBR-200은 다음 해에 있을 선거에 참여하기로 결정한다. 1998년에는 대통령 선거와 각종 지방 선거가 동시에 치러지며, 너무 많은 것이 이 선거에 걸려 있어서 여기에 참여하지 않으면 조직이 약화될 것이기 때문이었다. 차베스에 대한 대중적 지지는 불어나고 있었다. 또한 그가 급진주의당, 사회주의운동당 (Movimiento al Socialismo, MAS) 등의 좌파 정당들과 진행했던 선거 공조를 위한 대화도 성공적이었다.

전국 회의에서 구체적 전략에 대한 결정들도 승인했다. 이 결정들은 선거 승리에 중요한 역할을 할 수 있지만, 조직에 예기치 않은 큰 변화를 가져오는 것이었다. MBR-200은 선거참여 전술의 일환으로 '제5공화국운동'(Movimiento Quinta(V) Republica, MVR 여기서 V는 로마숫자 5를 뜻함)이라는 선거 조직을 건설했다. 그런데 MBR-200의 몇몇 지도자들은 선거 시기에 MBR-200의 이상과 관심을 공유하지 않는 새로운 동조자들이 조직에 가입하는 것에 불안해했다. 이런 과정에서 운동의 사상적 방향성이 희석될 위험이 있기 때문이었다. 그러나 차베스는 많은 선거가 걸려 있는 이때에 선거에 참여할 기회를 놓치지 말아야 한다고 주장했다.

새로운 조직의 구조는 유연하고, 선거운동과 관련된 모든 활동을 처리할 수 있어야 했다. 또한 독립적인 개인들과 다양한 사상과 정치적 입장을 가진 그룹들을 하나로 묶는 도구여야 했다.

MVR과 MBR-200 사이의 공통점은 우고 차베스를 지지한다는 것뿐이었다. 조직의 이름을 '제5공화국운동'이라고 지은 것은, 국가

선관위에서 '볼리바르'의 이름이 들어가는 정치 조직은 등록할 수 없도록 하고 있기 때문이다. 그렇지만 제5공화국운동의 약자인 MVR은 MBR과 발음이 비슷해서 볼리바르 운동과 관련됐음을 쉽게 알릴 수 있었다.

또한 제5공화국이라는 이름은 기존의 제4공화국과 단절되는 새로운 베네수엘라를 건설하겠다는 의미를 가지고 있다. 베네수엘라는 1811년 스페인으로부터 독립한 이후 네 번의 공화국을 겪었다. 그 중 두 번의 공화국은 독립전쟁 당시에 만들어졌다. 첫 번째는 1811년 베네수엘라 주 연합이고, 두 번째는 1813년의 공화국이다. 세 번째 공화국은 1819년 대大 콜롬비아 공화국의 성립 시기에 만들어졌다. 네 번째 공화국은 1830년 볼리바르의 장군인 호세 안토니오 파에즈Jose Antonio Paez가 발렌시아에 세웠고 가장 오래 지속되었다.

차베스의 말처럼, 볼리바르와 수크레 같은 혁명가들의 뼈대 위에서, 역설적이게도 자신들의 이익만 챙기는 과두정치 세력에 의해 설립된 베네수엘라의 네 번째 공화국은 항상 볼리바르의 이상과 반대되는 보수당들의 지배를 받아왔다. 차베스는 지금 140년 만에 새롭게 시작하는 다섯 번째 공화국을 세우려고 하는 것이다. 차베스는, 이 운동은 새롭고 대중적인 성격을 갖는다고 말했다. 이는 과거의 이상을 회복하는 움직임이고, 볼리바르의 이상을 찾는 운동이었다.

MVR은 정당이라기보다는 MBR-200이 통제하는 선거전선체로 인식됐다. MVR을 만든 사람들은 내부의 토론이나 회원들을 훈련시키는 것을 MVR의 기능으로 보지 않았고 조직에 민주적인 구조나 과정도 부여하지 않았다. 대신에 MVR은 선거와 관련되어 정확하고 신속하게 결정할 수 있는 조직이어야 한다고 생각했다. 내부의 지도부는 후보들이 신뢰하는 사람들로 이루어졌고, 후보들이 직접 뽑은 사람들이었다. 시작할 당시에 MVR의 규모는 그다지 크지 않았다. 초창기 조직원의 60퍼센트는 MBR-200의 군인 출신 참여자들이었고, 약 40퍼센트는 특정한 정치적 견해에 얽매이지 않은 독립적인 시민들이었다.

1998년 초부터 유세 차량이 거리를 누비기 시작했다. 차베스를 지지하는 다른 정당들은 차베스 캠페인에 형식적인 지원을 제공했다. 3월에는 급진주의당의 한 분파인 파트리아 파라 토도스(Patria Para Todos, PPT)가 참여했고 이것은 5월의 사회주의운동당MAS의 참여로 이어졌다. 차베스 진영에 참여하는 문제로 급진주의당과 사회주의운동당에는 내분이 생겼는데, 좀더 타협적이고 개량적인 분파는 차베스 진영에 참여하지 않았다.

드디어 차베스를 지지하는 정당과 정치 세력들이 모여서 '애국기둥Polo Patriotico'이라는 선거전선체를 만든다. 이들은 어려운 과정을 거쳐 11월에 치러질 주지사 선거에서 각 지역에 단일한 후보를 내는 데까지 합의하게 되었다.

차베스, 대통령 선거에서 승리하다

차베스를 지지하는 진영은 단결하여 강해진 반면, 기존의 보수 정당들은 자신의 대통령 후보조차 제대로 세우지 못하고 선거를 앞두고 후보까지 바꾸는 등 우여곡절을 겪게 된다. 어떤 방법을 써도 차베스에게 이길 수 없다는 것이 명확해질수록 민주행동당, 기독사회당 등의 기존 보수 정당들은 우왕좌왕하는 모습을 보인다.

민주행동당과 기독사회당 지도부는 차베스에 대항하기 위한 궁여지책으로 양당 공동의 후보를 내세울 것을 결정한다. 그들은 공동 후보로 살라스 로메르Salas Romer를 내세웠지만 그는 39퍼센트의 득표로 2위를 하는 데 그친다. 1998년 12월 6일 대통령 선거에서 차베스는 56.2퍼센트의 압도적 득표율로 1위를 차지한다. 차베스가 얻은 367만 3685표는 베네수엘라 대통령 선거 사상 최다 득표였다. 이전까지 정권을 번갈아가며 나눠먹던 보수 양당이 연합을 했음에도 불구하고 선거에 패배한 것은 새로운 시대를 알리는 신호였다.

차베스의 지지표를 분석해보면 MVR을 지지한 표가 애국기둥에 참여한 다른 정당들을 완전히 압도했다는 것을 알 수 있다. 이렇듯 차베스와 MVR은 기존의 정치구도를 완전히 바꿔놓는 충격적인 선거 결과를 보이며 승리했다. 애국기둥에 참여한 각 구성 정당의 득표수는 다음과 같았다.

제5공화국운동MVR	2,625,839	40.17%
사회주의운동당MAS	588,643	9.00%
파트리아 파라 토도스PPT	142,859	2.19%
베네수엘라 공산당	81,979	1.25%
그 밖의 5개 군소정당	234,365	3.59%

[애국기둥에 참여한 각 정당의 득표율]

7

제헌의회, 선거 공간을 혁명 공간으로

차베스의 강력한 무기, 제헌의회

우고 차베스 대통령이 이끄는 '볼리바리안 혁명'은 미 제국주의와 자본주의를 넘어서는 '21세기 사회주의'를 기치로 내걸면서 라틴아메리카 민중들뿐 아니라 전 세계 민중들에게 다른 세계는 가능하다는 것을 현실로 보여주고 있다. 석유가 많이 난다 해도 1인당 GNP가 우리나라의 절반 정도밖에 되지 않는 나라에서 무상교육과 무상의료가 실시되고, 민중이 정치의 주인으로 나서고 있는 모습은 참으로 감동적이다.

이러한 혁명의 불꽃이 라틴아메리카의 다른 나라로 전파되면서, 2006년 2월 볼리비아에서는 사회주의운동당MAS의 총재 에보 모랄레스Evo Morales가 대통령으로 당선되었다. 얼마 전에 있었던 페루와 멕시코의 대통령 선거에서는 좌파 후보인 페루의 오얀타 우말라 Ollanta Humala 후보, 멕시코의 로페스 오브라도르Lopez Obrador 후보가 당선 직전까지 가는 약진을 보여주었다. 특히 남미의 다른 중도 좌파 정권들과는 달리 우고 차베스, 에보 모랄레스 등은 쿠바와 함께 미 제국주의와 자본주의에 근본적인 문제제기를 하며 혁명을 이야기하고 있다.

우고 차베스, 에보 모랄레스, 오얀타 우말라의 공통점은 제헌의회 소집을 공약으로 내걸었다는 점이다. 차베스는 1998년의 대통령 선거를 앞두고 제5공화국운동MVR을 창당했다. 대통령에 당선되면 곧바로 제헌의회를 소집해서 헌법을 새로 만들고 기존의 썩어빠진 제4공화국과는 단절된 새로운 공화국, 제5공화국을 건설하겠다는 의지가 당명에도 표현된 것이다. 그리고 실제로 대통령에 당선된 이후 곧바로 제헌의회를 소집하여 '볼리바리안 헌법'으로 불리는 민주적인 헌법을 제정하고 국명도 '베네수엘라 볼리바르 공화국'으로 바꿨다.

볼리비아의 에보 모랄레스는 2006년 8월에 제헌의회를 소집하기 위한 제헌의회 의원 선거를 치렀다. 페루의 오얀타 우말라도 대선 시기에 '제2공화국' 계획을 내세우며 제헌의회 소집을 공약으로 내걸었다. 재미있는 사실은 이들의 공통의 적이라 불릴 수 있는 미국도 제헌의회를 곳곳에서 소집하고 있다는 사실이다. 이라크와 아프가니스탄에 제국주의 무력 침략을 감행한 미국은 기존의 정권을 무너뜨리고 꼭두각시 정권을 만들기 위한 과정으로 이라크와 아프가니스탄에 제헌의회를 소집하고 나라의 틀을 자신들의 입맛에 맞게 새로 짜고 있다.

대부분의 사람들은 제헌의회가 무엇인지 잘 모를 것이다. 제헌의회는 헌법을 새로 제정하는 의회다. 일반적으로 제헌의회에서 제출한 헌법안은 국민투표를 통해 최종적으로 승인받아야 한다. 국민투표를 통해 승인받은 새로운 헌법이 발효되면 기존의 헌법과 모든 법 체계는 무효가 되고 새로운 헌법에 맞게 국가 체계를 새로 짜야 하며 그에 맞게 하위법도 새로 만들어야 한다. 즉, 헌법을 새로 제정하면 새로운 헌법에 준하여 입법부, 사법부, 행정부를 한꺼번에 새로 구성하기 위해 대통령 선거, 국회의원 선거, 지방 선거를 다시 치러야 하는 것이다. 1998년 제헌의회 소집을 공약으로 내걸고 당선된 차베스는 제헌의회 전술의 의미와 효과를 잘 알고 이를 성공적으로 이용했다고 할 수 있다.

베네수엘라의 제헌의회 추진 과정

차베스가 대통령이 되기 전에는 그가 어떤 방식으로 국가 권력을 잡으려고 하는지 확실해 보이지 않았다. 그의 지지자들이 하는 말을 들어보더라도 차베스는 각기 다른 것들을 약속하는 것 같았다. 그러나 한 가지 사안에 대해서 차베스는 처음부터 명확했다. 그것은 베네수엘라를 위해 새로운 헌법을 제정하겠다는 것이었다.

1989년 '카라카소'에서 수천 명의 사람들이 학살된 후, MBR-200은 베네수엘라 사회를 완전히 개혁하기 위해서 어떻게 해야 하는지를 토론하기 시작했다. 그리고 차베스가 1992년에 좌익 쿠데타를 일으킬 준비를 했을 때, 그들은 제헌의회 소집에 집중하기로 결정했다. 차베스는 남미의 저명한 사회학자인 마르타 하르네케르

Martha Harneker와의 인터뷰에서 다음과 같이 말했다.

"우리는 과거와 단절하는 방법, 과두지배 세력의 이익에만 복무하는 이따위 민주주의(부르주아 민주주의)를 극복하는 방법, 부패를 없애는 방법에 대해서 토론했다. 우리는 항상 기존의 군사독재나 임시 군사정권 방식을 거부했다. 우리는 제헌의회가 있었던 1990~1991년의 콜롬비아에서 일어난 일들을 잘 알고 있었다. 물론 그때는 제헌의회가 기득권 세력의 수중에 있었기 때문에 매우 제한적일 수밖에 없었다. 콜롬비아의 제헌의회를 고안한 것은 기득권 세력이었고, 그 때문에 상황을 바꿀 수 없었다."

차베스는 1992년 쿠데타 실패 후 감옥에 갇혀 있을 때 새로운 혁명적 기초를 건설하기 위해서 안토니오 네그리Antonio Negri('제헌적 권력'과 제헌의회의 필요성에 대해 쓴 저명한 현대 좌파이론가) 등의 정치이론들을 연구했다. 1998년 대통령 선거운동 당시 차베스는 지속적으로 제헌의회의 필요성을 주장했다. 이러한 계획은 차베스의 정당이 '제5공화국운동'인 것에서도 명백하다.

헌법을 개정하거나 새로 쓰려는 노력이 베네수엘라 역사상 처음 있는 일은 아니다. 1811년에서 1961년 사이 베네수엘라는 26번이나 헌법을 바꾸었다. 1961년 헌법이 가장 오래 지속돼서 1999년까지 남아있었다. 1990년대에도 여러 번의 개헌 논의가 있었다. 카라카소 이후 카를로스 안드레스 페레스 대통령은 주지사와 시장을 직접선거로 선출하도록 헌법을 개정했고, 이것을 통해 더 많은 사람들이 정치에 참여하도록 했다. 이것을 통해서 민주행동당과 기독사회당 이외의 정당들도 주州 또는 지역 차원의 정치에 더 많이 진출할 수 있게 되었다. 그러나 더 많은 변화를 계획했지만 실현되지는 못했다. 차베스가 1992년에 쿠데타를 일으킨 후에도 새로운 헌법에 대한 필요성이 제기되었지만 몇 달 만에 흐지부지되었고 1994년 대통령 선거 기간에 라파엘 칼데라도 새로운 헌법에 대한 필요성을 얘기했지만 더 나아가지는 못했다.

1998년 12월 대통령에 당선된 차베스는 제헌의회 소집을 위한 국민투표 일정을 잡았다. 37년간이나 지속되어 온 1961년 헌법에는 제헌의회 소집에 대한 어떠한 내용도 없었다. 일부는 1961년 헌법을 개정해서 제헌의회 소집에 대한 조항을 넣자고 주장했지만 차베스는 그대로 밀고 나갔다.

한편 인권기구인 푼다우마노스Fundahumanos는 1998년 12월 16일 베네수엘라 대법원에 제헌의회 승인을 위한 국민투표의 위헌 여부를 가려줄 것을 요청하며 소송을 제기했으나 법원은 차베스가 추진하는 제헌의회 소집에 대해 우호적인 판결을 내렸다. 이 재판부의 판결은, 법원이 결국 차베스가 독재하도록 만들었다고 주장하는 반대파들 사이에서 아직도 논쟁이 되고 있다.

제헌의회 소집을 위한 국민투표

국민투표는 1999년 4월 19일에 있었고 두 가지를 물었다. 하나는 제헌의회 소집에 대한 찬반 여부이고 다른 하나는 차베스 대통령이 발표한 제헌의회 소집 과정에 대한 찬반 여부였다. 투표자의 92퍼센트가 제헌의회 소집에 찬성했으며 86퍼센트가 차베스 대통령이 제기한 제헌의회 소집 과정에 찬성했다. 차베스 반대 세력의 집단적인 선거 보이콧 캠페인으로 기권율은 63퍼센트였다.

두 달 뒤인 6일 25일에 제헌의회 의원을 뽑는 선거가 치러졌다. 전국구에서 24명, 원주민 대표로 3명, 지역구(주써 대표)에서 104명을 선출했다. 모두 131명이며, 전원이 직접선거를 통해 선출됐다. 이 선거에서 차베스 진영은 131명 중 125명이 당선되어 압도적인 결과를 얻었다. 차베스 반대파는 6명뿐이었다. 제헌의회 의원들은 즉시 헌법 제정 작업에 들어갔다. 그런데 전원회의 방식은 시간이 너무 오래 걸리는 문제가 있었다. 차베스는 6개월 안에 제헌의회의 헌법 제정 작업을 끝내달라고 요청했다.

한편 차베스 반대파와 다수의 제헌의회 의원들 사이에서 제헌의회가 통상적인 입법권을 가지는지 그렇지 않은지에 대한 논쟁이 벌어졌다. 차베스와 그의 지지자들은 제헌의회가 최고 주권기관이기 때문에 제헌의회가 입법권을 가져야 한다고 주장했다. 이에 사법부도 차베스 측의 입장을 인정했다.

1999년 12월에 헌법이 준비되고 12월 15일에 새 헌법 승인을 위한 국민투표가 치러졌다. 투표자의 71.8퍼센트가 새 헌법을 승인했으며 차베스 반대파의 조직적인 선거 보이콧 캠페인에 의해 기권율은 55.6퍼센트였다.

베네수엘라 제헌의회 전술의 의의

베네수엘라 제헌의회 전술에는 두 가지 의의가 있다.

첫째, 제헌의회를 통해 과거와 단절하고 새로운 시대를 만들기 위한 민주적 체계를 세울 수 있었다. 개혁적 법안 하나 통과시키는 것이 얼마나 어려운지 우리는 잘 알고 있다. 국가보안법 폐지는커

녕 개정조차 안 되고 있는 현실이나 사학법 개정에 반대해서 한나라당이 장외 투쟁을 벌이는 것을 보면 확연히 드러난다. 그러나 베네수엘라에서는 1999년 제헌의회를 소집함으로써 이러한 문제를 단번에 해결했다. 헌법 자체를 새로 제정하는 과정에서 기존의 낡은 헌법과 법률들은 한꺼번에 무력화되었다. 제헌의회 의원 대부분이 진보적 인사들로 구성되었고, 제헌의회를 통해 새로 제정된 '볼리바리안 헌법'은 정치·경제·사회·문화 등 다양한 분야에서 진보적인 내용을 담게 되었다. 이렇게 제정된 민주적 헌법은 나중에 49개의 개혁법안을 낳는 토대가 되었다.

둘째, 입법부·사법부·행정부 등의 국가기구를 한꺼번에 접수하고 세력 관계를 단번에 역전시키는 상황을 만들어냈다. 새로운 헌법을 만든 후, 이 헌법에 의거해서 2000년에 대통령 선거, 국회의원 선거, 주지사 선거 등 모든 선거를 한꺼번에 새로 치렀으며, 사법부도 새로 구성했다. 헌법을 새로 만들었기 때문에 이전의 헌법 기관들은 사실상 무효가 됐고 모두 새로 구성해야 했던 것이다. 차베스 진영은 모든 선거에서 좋은 성과를 거두었다. 차베스는 다시 임기 6년의 대통령으로 선출되었으며 국회의원의 과반을 차베스 측에서 장악하게 되었다.

사실 이것이야말로 제헌의회 전술의 진정한 위력이라 할 수 있다. 1999년에 차베스가 대통령이 됐을 때는 이미 한 해 전인 1998년에 국회의원 선거를 치른 상황이었고, 보수 세력이 절대다수 의석을 차지하고 있었다. 만약 제헌의회를 통해서 의회와 사법부 등의 국가기구를 접수하지 않았다면, 1998년에 세워진 보수적인 의회가 사사건건 대통령의 발목을 잡았을 것이고 결국 혁명은 제대로 추진될 수 없었을 것이다.

차베스는 1970년대 칠레의 아옌데 사회주의 정권이 대통령 선거에서 승리하여 행정부는 장악했지만, 보수적 의회에 발목을 잡혀 개혁을 제대로 추진하지 못하고 결국은 피노체트의 반동 쿠데타에 의해 실패한 것을 잘 알고 있었다. 이러한 사례를 반면교사로 삼아 제헌의회에 대한 고민이 나오게 된 것이다.

차베스는 1992년 MBR-200을 통해 좌익 쿠데타를 일으킬 때도 제헌의회를 소집할 계획을 가지고 있었다. 비록 쿠데타는 실패하고 감옥에 갇혔지만, 감옥에서 학습하고 연구하면서 선거 참여를 통한 제헌의회 전술을 세밀하게 준비했다. 이렇듯 제헌의회 전술의 핵심은 선거 공간을 혁명적 공간으로 바꾸어내는 도구로 제헌의회를 이용한다는 점에 있다.

물론 베네수엘라 혁명 과정에서 제헌의회를 통한 새판짜기가 어려움 없이 진행된 것은 아니었다. 낡은 헌법을 새로운 헌법으로 바꾸려는 시도를 막기 위해 보수반동 세력들의 반대 또한 만만치 않았다. 국민들에 의해 선출된 제헌의회가 기존 사법부와 입법부의 기능을 정지시키는 과정에서 기존 사법부와 입법부 내의 보수 인사들이 들고 일어났다. 제헌의회 소집을 위한 국민투표에 대해 위헌 소송을 내기도 하고 차베스를 반대하는 대단위의 집회를 열기도 했다.

그러나 차베스 진영에서는 제헌의회가 모든 국가기관 위에 존재하는 최고 주권기관임을 명백히 하고 이러한 공세들을 물리쳐 나갔으며, 대중들도 기존의 부패한 입법부와 사법부를 한꺼번에 청소하는 시도에 지지를 보냈다. 그리고 제헌의회를 지지하는 대단위의 집회를 조직해서 차베스를 엄호했다. 차베스가 대통령 선거 시기에 제헌의회 소집을 최우선 공약으로 내세운 것도 이러한 문제를 이미 예상하고 정면으로 돌파하겠다는 의지를 표현한 것으로 보인다. 제헌의회를 대선 공약으로 내세우지 않았다면 사실상 제헌의회를 추진하기가 힘들었을 것이다.

물론, 제헌의회가 만병통치약도 아니고 그렇게 될 수도 없다. 베네수엘라에서, 그리고 볼리비아에서 대통령 선거 승리를 통해 제헌의회 소집을 추진할 수 있었던 원동력은 단결된 민중들의 강력한 대중투쟁이다. 차베스는 미 제국주의와 국내 과두지배 세력에 복무하는 페레스 정권을 타도하기 위해 군부의 혁명조직을 일으켜 목숨을 걸고 항쟁을 시도했던 사람이다. 이러한 진정성이 민중들의 마음을 감동시켰던 것이다. 그리고 그는 감옥을 나와 MVR 조직을 통해 혁명적 군부와 민간운동 진영을 하나로 묶고 광범위한 대중의 참여를 이끌어내 대통령 선거에 승리하였다.

볼리비아에서는 노동자운동과 농민운동이 강력한 대중투쟁을 전개하여 제국주의와 국내 매판자본가들에게 부역하는 대통령 두 명을 연이어 끌어내리는 과정에서 강력한 연대를 구축했다. 그러한 대중투쟁의 성과로 에보 모랄레스가 대통령에 당선되었고 2006년 8월에 제헌의회를 소집해서 진보적인 헌법을 만들고 있다. 페루의 오얀타 우말라도 부패한 후지모리 대통령에 반기를 들고 무장봉기를 했던 사람이다. 제헌의회는 이러한 대중들의 투쟁 역량이 선거 공간에서 혁명적으로 승화될 수 있는 제도적 틀로, 위력한 도구로 그 역할을 하는 것이다.

8

볼리바리안 헌법과 정치개혁

볼리바리안 헌법의 특징

1999년 제헌의회를 통해서 새롭게 제정된 '볼리바리안 헌법' 이전에도 베네수엘라의 정당 민주주의를 극복하기 위한 노력들은 있었다. 1970년대에는 사회주의운동당MAS으로 대변되는 비공산주의 좌파가 아래로부터의 참여를 보장하는 민주주의의 확대를 요구했고 1980년대에는 다양한 사회조직들이 정당의 역할 제한, 중립적인 선거 관리와 소선거구 제도의 도입을 주장했다. 1990년대에는 민중들의 정치 참여에 대한 요구가 증가하면서 학자와 정치인들이 정치개혁에 대한 다양한 방법들을 제안했다. 이러한 민중들의 정치개혁 열망의 결실은 차베스가 집권한 이후, 1999년 새헌법을 제정하면서 이루어졌다.

볼리바리안 헌법은 이전의 헌법과는 많은 부분에서 다르다. 우선, 민중의 직접적인 정치 참여를 보장하고 있다. 새 헌법은 베네수엘라의 민주주의를 "민주적이고, 참여적이고, 선거에 의하며, 지방분권화된, 국민에게 책임을 가지는, 다원주의적이며, 선출직 공무원의 임기를 제한하며, 소환할 수 있는" 의미로 정의한다. 즉 민중이 직접적인 참여를 통해 정치에서 '주인protagonists'이 된다는 의미다. 이 개념은 헌법 전문에 구체화되어 있으며, 그것은 '민주적이고, 민중이 주인이 되는 사회'를 요구한다. '민중의 주인됨protagonism'은 새로운 개념이며, 차비스타chavistas(차베스주의자)의 이념 중 핵심적인 부분이다.

새 헌법에서 '주인됨'은 다양한 형태의 국민투표로 나타난다. 제헌의회는 대의제를 넘어서 민중에게 주인됨의 역할을 부여하는 혁명적 과정을 시도했다. 차베스는 제헌의회에 헌법안을 제출하면서 참여 민주주의 이론은 대의 민주주의 논리와는 대립되는 것임을 지적하고, 민중의 주인됨은 직접 민주주의로 가는 혁명적 개념이라고 말했다. 새 헌법에서는 선출직 공무원에 대한 소환제, 시민의회, 일정 조건 이상을 갖출 경우 민중들이 제헌의회를 소집할 수 있는 것 등으로 민중의 주인됨을 구체화하고 있다. 또한 이 헌법 어디에서도 '정당'이라는 표현을 찾아볼 수 없다. 대신에 '정치적 목적을 가지는 단체'라는 모호한 표현을 사용했다. 이것은 기존의 정당 헤게모니를 극복하려는 차비스타들의 정신을 보여주는 것이다.

새 헌법의 또 다른 특징은 중앙집권화를 강화한 것이다. 새 헌법에서는 CFG(Consejo Federal del Gobireno)를 명시하고 있다. CFG는 부통령을 의장으로 하고 모든 장관과 도지사, 각 주의 시장들로 구성되어 지방분권화와 관련해 계획하고 정책을 조정하는 역할을 한다. 정부는 CFG를 통해 지방정부 재정에 대한 권한을 중앙으로 대폭 이양하는 등 중앙정부의 권한을 강화하고 있다.

그리고 또 다른 특징 중 하나는 군대의 역할을 강화한 것이다. 이전 1961년 헌법에서는 대령 이상 고위 장교의 승진은 대통령이 추천하고 의회가 승인하는 방식으로 이루어졌다. 그러나 새 헌법은 대통령에게 의회의 간섭 없이 대령 이상 고위 장교의 승진을 실행할 수 있는 권한을 주었다. 또한 군인들에게 투표권을 주었다. 예전에는 군인들을 정치에서 완전히 배제시키기 위해서 군인들의 투표권이 허용되지 않았다. 이런 변화는 베네수엘라의 특수한 상황을 반영한 것이다. MBR-200이라는 군부 내의 혁명 조직이 혁명을 수행하는 핵심 세력이기 때문이다. 새 헌법의 구체적 내용을 통해 이것이 베네수엘라에 가져온 변화에 대해 살펴보도록 하자.

볼리바리안 헌법이 가져온 새로운 변화

개명

볼리바리안 헌법은 국명을 '베네수엘라 공화국'에서 '베네수엘라 볼리바리안 공화국'으로 개칭했다. 이것은 차베스가 줄곧 주장했던 것으로 차베스가 제헌의회를 설득하여 국명 개칭이 받아들여졌다. 새 국명은 베네수엘라가 시몬 볼리바르가 해방시킨 나라들 중 하나임을 나타내며, 미래에는 '볼리바리안 공화국 연방'에 속하게 될 것을 의미한다.

성 평등성

새 헌법은, 언급되는 모든 정치 활동가들을 의미하는 명사에 대해서 남성 형태와 여성 형태를 같이 표기한다. 그것은 스페인 어가 직업명사에서 남성과 여성을 구분하는 것과 같은 것이다(예를 들어 presidente는 남성 대통령, presidenta는 여성 대통령). 새 헌법에는 대통령, 시민, 법률가, 대표이사, 장관 등에 대한 참조가 있고, 참조는 남성과 여성 형태 모두를 표기한다. 이 포함성을 베네수엘라 헌법을 '성性평등적인' 헌법으로 만들고 있다. 새 헌법은 여성들이 정치에 동등하게 참여할 수 있음을 명백히 밝히고 있다.

법과 정의의 국가

헌법 2조에서는 "베네수엘라는 법과 정의의 민주주의적이고 사회적인 국가다"라고 말하고 있다. 이는 다른 많은 나라들의 단지 법적 민주주의 국가임을 표명하는 헌법과 대조적이다. 베네수엘라 헌법은 법과 정의의 차이를 부각하고, 정의는 법만큼 중요하다는 것을 명시한다. 헌법에서는 공식 헌법 조항에 앞서 다음과 같이 정의의 개념을 명시하고 있다. "국가는 베네수엘라 인들의 복지를 증진하고, 그들의 사회적·정신적 발달에 필요한 조건들을 만들어내고, 기회의 균등을 위해 노력하여 모든 시민들이 자유롭게 개성을 발달시키고 운명을 개척할 수 있도록 하며 인권과 행복의 추구를 증진시킨다."

인권과 국제협정

차베스가 집권하기 전에도 베네수엘라에는 인권기준 준수의무가 있었지만, 자주 위반했다. 고문과 검열이 횡행하고, 집회와 결사의 권리 침해 등이 비일비재했다. 새 헌법이 언급하는 인권에 관한 내용은 대부분의 기존 헌법들이 다루는 인권에 대한 내용을 넘어서고 있다. 표현, 집회의 자유와 정치 참여 같은 시민 권리들뿐 아니라 고용, 주거, 보건 같은 사회적 인권까지도 언급한다. 예를 들어, 헌법은 보건에 관해 다음과 같이 기술한다. "건강은 기본적인 사회 권리이며 국가의 의무로, 국가는 그것을 삶의 권리로 보장한다." 실제로, 이로 인해 이전에는 보건 의료 서비스에 접근할 수 없었던 많은 사람들이 혜택을 받게 되었다. 새 헌법의 또 하나의 혁신은 국제 협정에 헌법과 동등한 지위를 부여한 것이다.

여성의 권리

여성의 권리 부문에서 새 헌법은 가장 진보적인 원칙들을 포함하고 있다. 예를 들어, 새 헌법은 '여성에 대한 차별의 모든 형태 제거를 위한 컨벤션CEDAW'에 의해 정립된 차별의 정의를 채택했다. 이 정의는 그 자체로 차별을 의미하는 법령뿐 아니라 결과적으로 차별을 가져올 수 있는 법령도 차별적인 것으로 간주한다.

헌법 21조는 기술한다. "모든 사람은 법 앞에 평등하고, 따라서 인종, 성, 종교적 신념, 사회적 지위 등에 따른 어떠한 차별도 용납될 수 없으며, 모든 개인이 자신의 권리와 자유를 인식하고 향유하는 것을 침해하는 의도가 있거나 그런 결과를 가져오는 차별도 용납될 수 없다. 예를 들어, 여성들이 공립대학에서 적은 비율을 차지한다면, 국가는 남성보다 적은 수의 여성이 대학에 진학하는 이유를 조사하고, 그런 결과를 가져오는 모든 장벽을 제거해야 할 것이다."

새 헌법이 포함하고 있는 또 다른 여성의 권리는 사회가 가정주부들의 가사노동에 대해 보장하는 것이다. 구체적으로는 헌법에 이렇게 쓰여 있다. "국가는 노동권 적용에서 남성과 여성에게 평등하고 공정한 대우를 보장해야 한다. 국가는 가사노동을 사회복지와 건강을 생산해내며 부가가치가 있는 경제활동으로 인식한다."

정보에 대한 권리

정보에 대한 권리를 보장하는 58조는 제헌의회 안에서 논란의 대상이 되었던 조항 중 하나다. 그 이유는 이 조항이 시민들이 정보에 대한 권리를 가질 뿐 아니라, "시의적절하고, 진실하며, 공정한" 정보에 대한 권리를 가진다고 기술하기 때문이다. 반대파들은, 이 조항은 국가가 진실하고 공정하지 않다고 간주되는 정보를 차단할 가능성을 가지게 되는 것이라고 우려했다. 그러나 "검열 없이, 헌법의 원칙에 부합하여" 그런 정보들이 제공될 것이라는 그 다음 구문은 반대파의 해석과는 상충된다. 실제, 차베스 정부 하에서 어떤 검열도 이루어지지 않았다.

정당

새 헌법에서는 정당에 대한 국가의 재정 지원을 제거했다. 전에는, 국가가 양대 정당에게 많은 재정 지원을 했었다. 그러나 그들이 국가 재정과 관련해서 많은 부패를 저질렀기 때문에 제헌의회는 정당들에 대한 국고 지원을 폐지하기로 했다.

국민투표

71조에서 74조까지는 다양한 형태의 국민투표에 대해 가능성을 열어 놓았고, 이는 새 헌법에서 가장 중요한 혁신 중 하나다. 새 헌법에는 자문, 소환, 승인, 폐지, 네 가지 형태의 국민투표가 가능하도록 했다. 일반적으로 국민투표는 국회, 대통령, 10~20퍼센트의 등록된 선거권자들의 서명 등의 조건에 의해 발의될 수 있다.

자문 국민투표는 국민들에게 FTA와 같은 외교적(국가를 초월한) 성격의 문제를 묻는 것이다. 소환 국민투표는 모든 선출직 공무원(대통령, 주지사, 국회의원, 시장 등)들에게 적용될 수 있는 것으로, 임기의 반 이상이 지난 다음에야 실행될 수 있다. 승인 국민투표는 소환 국민투표처럼, 중요한 법을 통과시키거나 국가 주권을 침해하는 협정을 실행하는 데 사용된다. 또, 이 국민투표는 헌법 개정의 승인에도 사용된다. 마지막으로 폐지 국민투표는 존재하는 현행법을 폐지하는 데 사용된다.

사회적 · 교육적 · 문화적 · 환경적 권리

새 헌법은 보통의 인권보다 더욱 많은 권리들을 포함하고 있다. 예를 들자면, 모성은 임신의 시점부터 보호되는데, 이는 산전 관리가 보장된다는 것이다. 주거, 보건, 고용은 국가에 의해 보장된다. 취업의 권리와 관련하여 헌법은 다음과 같이 기술한다. "모든 노동자는 존엄한 삶을 영위하고 그와 가족의 기본적인 물질적 · 사회적 · 지적 필요를 충족하는 것이 가능하도록 충분한 임금을 받을 권리가 있다." 경제적 권리와 관련해서는, 국가는 경제적 민주주의를 증진하고 보호할 의무가 있다고 기술하고 있다.

원주민의 권리

새 헌법에서 원주민들의 권리를 공식화했을 때, 제헌의회는 원주민들의 대표자들에게 그 업무를 맡겼다. 제헌의회 의원을 선출할 때, 차베스는 원주민 중에서 세 명의 제헌의원이 선출되는 것을 보장하도록 규정했다. 베네수엘라 역사상 처음으로, 새 헌법은 원주민의 생존권·언어·문화·영역에 대한 권리들을 인식했다. 그리하여 국가는 원주민 공동체들이 소유하고 있는 땅의 경계를 정하는 것을 돕는다.

국가는 원주민의 토지에서의 자연자원 개발이 그들에게 나쁜 영향을 끼치지 않도록 보장하며 토착 문화와 언어들을 보호하고 증진시키도록 한다. 원주민 보호의 다른 부분으로, 국가는 그들의 지적 재산을 보호해야 한다. 마지막으로, 제헌의회에서처럼 헌법은 원주민에게 국회나 선출직 등에서 정치적 대표성을 보장한다.

환경권

새 헌법에서 국가는 환경, 생물의 다양성, 유전학적 자원, 생태계, 국립공원 등을 보호해야 한다. 생물의 유전자로 특허를 얻는 것은 금한다. 헌법으로서는 매우 특이하게도 환경 피해를 줄 수 있는 모든 활동들에 대해 환경적·사회문화적 영향 보고서를 제출할 의무를 포함하고 있다.

3권 대신 5권

새 헌법에서는 입법, 행정, 사법의 3권에 선거관리위원회와 시민권력기구를 추가한 5권 분립구조를 명시하고 있다. 시민권력기구는 국가를 위한 고충처리원의 기능을 하며, 다른 네 개의 권력들이 헌법에 정의된 기능을 따르도록 보장한다. 시민권력기구는 법무장관, 민중의 수호자, 감사원장으로 이루어져있다. 헌법은 이 권력에 대해 다음과 같이 서술한다. "공공윤리와 행정도덕에 어긋나는 행위를 예방하고, 조사하고, 제재한다. 공공재산이 잘 관리되고 적법하게 사용되는지 조사하고 국가의 모든 행정 활동에 적법한 원칙을 적용한다."

세 기관 중 민중의 수호자는 국가가 인권을 존중하는지 여부를 감시하는 역할을 한다. 대조적으로, 법무장관의 임무는 시민들의 위법행위를 고소하는 데 초점을 맞추고 있다. 감사원장의 임무는 부패와 공공재정의 올바른 집행을 감시한다.

다섯 번째 권력기구인 선거관리위원회는 국가·선거·의회로 구성되는데 그것은 적절한 선거 과정을 조절하고 감시한다. 원칙적으로 이 기구는 국가 선거에 관한 업무를 담당하나 노동조합 같은 시민사회단체에서의 선거를 관리하는 역할을 하기도 한다. 이는 해당 단체의 요청이 있거나 최고 사법기관의(대법원) 요청이 있는 경우에 수행한다.

입법부

입법부와 관련하여 가장 큰 변화는 양원제에서 단원제로 바뀐 것이다. 단원제는 입법을 보다 빠르게 함으로써 국가의 필요에 더욱 책임 있는 입법부를 만들기 위한 것이다.

대통령

차베스는 대통령의 임기를 5년에서 6년으로 늘리고 연임을 허용할 것을 주장했다. 전에는 연임이 불가능했으나, 한 번의 임기 이상을 건너뛰고 다시 재임되는 것은 가능했다. 대통령의 임기를 연장하고 연임을 허용하려는 차베스의 주장은 베네수엘라를 새롭게 건설하는 사업이 매우 거대하여 한 번의 5년 임기로는 충분하지 않기 때문이다. 차베스는 이 사업이 2021년까지 지속될 것이라고 종종 말한다.

경제부문에서 국가의 역할

새 헌법은 구 헌법보다 경제부문에 있어서 국가의 역할을 매우 많이 부여하고 있다. 헌법의 6장은 '사회경제체제'로 불리며, 국영제조업, 농업, 어업, 협동조합, 관광, 영세상업, 수공업 등을 증진하는 데 국가의 책임이 있다고 약술하고 있다.

시민의 불복종

새 헌법에서는 정부가 헌법의 원칙을 훼손하였을 경우 시민들이 헌법의 원칙을 수호할 의무가 있다고 기술하고 있다. 새 헌법이 만들어졌을 때는 시민불복종 부분에는 큰 관심이 쏠리지 않았으나, 2002년 4월의 반 차베스 쿠데타 시도 이후 반대파가 333조와 350조를 그들의 의혹스럽고 불법적인 행동을 정당화하는 데 이용했다. 2002년 석유산업 파업 때에도, 석유산업 관리자들은 이 조항을 이용하여 그들의 행위를 정당화했다.

반대파가 시민불복종이라는 용어를 미국 등지에서 오랜 기간에 걸쳐 정착된 개념인 시민투쟁권으로 사용하려 한 반면에, 헌법은 단지 그 용어를 "헌법의 유효성을 재확립하는 의무"(333조)와 "베네수엘라 민중은… 인권을 손상하거나 인권의 가치, 원칙 등과 상충하는 어떤 체제, 입법부, 권위도 부정한다"(350조)고 기술하고 있다. 차베스에 우호적인 헌법 전문가들은 이 조항들은 법을 어기는 것을 허용하는 것이 아니며, 민주주의적 질서의 재건이나 '체제'의 부정은 법적 테두리 안에서 일어나야 한다고 주장한다.

헌법, 그 이상의 것

볼리바리안 헌법은 폭넓은 시민 참여를 통한 '참여 민주주의'를 보장하고 있다. 또한 새 헌법은 세계 어느 헌법보다도 인권에 대해 가장 깊이 있는 내용을 가지고 있다. 전통적으로 주변화되어 있던 여성이나 원주민, 환경 등에 대한 보호를 포함하고 있다. 새 헌법의 제정으로 베네수엘라는 세상에서 가장 진보적인 헌법을 가지게 되었다.

베네수엘라 거리 곳곳에는 작게 만들어진 헌법책이 팔리고 있다. 차베스를 지지하는 시위에 참가한 사람들은 그 작은 책을 그들 정당의 표식인 듯 흔들어댄다. 많은 친정부 정치연구모임에서는 헌법을 읽고 공부한다. 이러한 모습은 구 헌법에서는 찾아볼 수 없었다. 일반 사람들은 구 헌법을 거의 읽지 않았다. 새 헌법은 헌법 그 이상의 것이 되었다. 새로운 헌법은 차베스의 지지자들이 사회를 움직이고 싶어 하는 방향을 가리키는 상징물이다. 카라카스에서 오랫동안 정치조직가였고 지역계획의 차관급이었던 롤랜드 데니스의 말에서 새 헌법이 가지는 의의를 찾을 수 있다.

"구심적인 혁명조직은 없었다. 우리가 가졌던 것은 대중반역 운동이었다. 처음은 대중들의 반역(1989년), 그리고 군대의 반역(1992년의 두 번의 쿠데타)이었다. 이들은 매우 이질적이었고, 산발적이었으며, 분열적이었다. 그들을 결합시킨 것은 새로운 기반인 새 헌법을 만드는 작업이었다. 아무도 이 운동들을 집중시킬 수 없었다, 차베스조차도. 차베스의 리더십은 논란의 여지가 없는 것이지만, 그의 사상은 사람들이 함께 운동하도록 하기에는 충분하지 않았다. 헌법이 그 부족한 부분을 메웠다. 그것은 정치 프로그램인 동시에 그 과정을 위한 뼈대를 제공하는 것으로 기능한다.

헌법은 단순한 사문死文이 아니다. 그것은 가치와 원칙들을 반영하고 있다. 충분하지 않을지라도, 누군가 개정해야만 할지라도, 후일에는 그것이 더 이상 필요하지 않을지라도, 지금 이 순간에 그것은 '마오의 작은 빨간 책'의 기능을 한다. 그것은 풀뿌리운동의 필요와 목적을 대표한다."

9

49개 개혁법안과 기회주의 세력의 이탈

전혀 다른 두 개의 카라카스

베네수엘라의 수도 카라카스에는 산과 언덕이 많다. 수백만의 사람들이 언덕의 비탈진 경사면에 있는 판자촌에 산다. 원주민(인디언)과 흑인 노예의 후손들은 대부분 이런 판자촌에서 절대빈곤선 아래에서 살고 있다. 교육과 의료는 생각할 수도 없으며 일자리는 턱없이 부족하다. 판자촌의 구조 때문에 차나 버스가 전혀 들어올 수 없다. 그래서 치안 문제가 가장 중요하며, 쇠창살과 자물쇠 같은 문잠금 장치는 집 구조물 중에서 가장 중요하고 비싼 물품이다. 판자촌의 많은 사람들이 언덕 아래에서 행상으로 생계를 이어왔다.

이 지역의 가난한 사람들은 '부자들', 스페인 제국 시대부터 나라를 관리해온 또 다른 베네수엘라 인들(엘리트, 자본가 계급, 외교관,

언론인)을 증오한다. 대부분이 백인인 이들은 베네수엘라에서 극소수를 차지하지만 가정부와 수영장이 있는 좋은 집에서 살며, 백화점에서 쇼핑을 하고 멋진 차로 출근한다. 스페인 정복 시절 이래로 백인 이주민들이 대륙을 통치해왔고 19세기와 20세기에 걸쳐 유럽 이주민이 꾸준히 들어와 백인 엘리트층을 강화시켰다. 뿌리 깊고 무의식적인 인종차별이 국가의 정치를 계속 주도하고 있었다.

그러나 1999년, 베네수엘라에는 새로운 시대가 시작됐다. 우고 차베스는 판자촌의 빈민들과 함께 베네수엘라를 근본적으로 바꾸는 혁명을 시작했다. 반면 토지개혁과 석유산업을 국유화하려는 노력, 무엇보다 민중들을 정치의 주체로 세우려는 차베스의 노력은 백인 엘리트층을 매우 불안하게 만들었다.

49개의 개혁법안들

차베스는 2001년 11월에 49개의 중요한 개혁법안을 통과시킨다. 이 49개의 개혁법안은 차베스가 수권법(의회의 승인 아래 1년간 대통령에게 법안을 승인하는 권한을 주는 법)을 발동해서 갑작스럽게 공포했다. 수권법을 발동한 이유는 개혁법안을 놓고 의회에서의 대립이 심해져 법안 통과가 어려운 상황이었기 때문이다. 차베스는 미라플로레스 궁에서 TV 방송을 통해 세부적인 내용을 공포했고, 그의 각료들과 나란히 서서 새로운 법안의 중요성을 강조했다.

이 개혁법안들은 몇몇 지배계급들에게 부가 편중된 잘못된 국가의 경제구조를 근본적으로 바꾸기 위한 것이었다. 또한 1999년에 제정된 볼리바리안 헌법의 내용을 구체화한 것이었다. 차베스 집권

3년째, 볼리바리안 혁명은 새로운 단계에 접어든 것이다. 49개 개혁법안에는 토지 소유를 제한하고, 석유의 생산과 과세, 어업을 규제하는 내용이 담겨 있다. 그리고 칼데라 대통령 시절에 추진했던 사회복지 시스템의 민영화를 원상복귀하는 내용도 들어 있다.

토지 개혁에 관한 법은 5000헥타르 이상의 토지를 개인이 소유하는 것을 금지하고 노는 땅에 대해서는 국가가 토지를 수용해서 토지소유권을 재분배할 수 있도록 했다. 땅이 없는 빈농이나 도시 빈민들에게 토지를 나눠주는 개혁은 볼리바리안 혁명의 상징이 되었고, 급진적인 변화를 나타내는 것이었다.

무엇보다도 가장 중요한 것은 탄화수소법이다. 그동안 베네수엘라의 석유산업에서 나오는 이익금들은 대부분 미국의 석유 재벌들, 그리고 이에 기생하는 베네수엘라 국내 자본가 및 관료들의 뱃속으로 들어가고 있었다. 이 법은 그러한 구조를 근본적으로 바꾸는 시도다. 석유산업에 참여하는 사기업에 이전보다 훨씬 높은 30퍼센트의 로열티를 부과하고, 외국 기업과의 합작에서 '베네수엘라 국영 석유회사PDVSA'가 51퍼센트 이상의 지분을 소유하도록 하고 있다. 차베스 정부는 이로써 PDVSA를 통해 석유산업에 대한 통제권을 강화하고, 외국으로 빠져나가는 이익금의 상당 부분을 로열티로 환수해서 무상의료, 무상교육, 빈민구제 사업에 쓸 수 있는 재원을 마련할 수 있었다.

49개 개혁법안은 이 밖에도 그동안 억압받고 수탈당하던 베네수엘라의 가난한 민중들에게 직접적으로 이익이 돌아가는 다양한 내용을 담고 있다.

기회주의 세력 이탈하다

차베스의 이러한 행위는 백인 엘리트들과 석유회사 지배자들의 이익에 심각한 위협이었다. 그것은 곧바로 차베스 반대파들의 항의 집회로 이어졌다. 반대파의 대변인은 새로운 법안들이 자신들의 의사와 관계없이 시행되었으며 사유재산을 위협하는 데 저항하겠다고 선언했다. 차베스는 수백 명의 전문가와 이해당사자들의 자문을 구했다고 말했으나 반대파들은 막무가내였다.

공개적으로 반대를 표명한 첫 번째 주요 인사는 PDVSA의 대표인 과이까이뿌로 라메다Guaicaipuro Lameda 장군이었다. 라메다 장군은 차베스가 임명한 사람이지만 PDVSA가 사유화(민영화)되어야 한다고 생각하는 사람들 편에 붙어버렸다. 라메다 장군은 석유 로열티를 올리는 탄화수소법에 강력하게 반대했다. 차베스는 그를 당장 해임하고, 가스톤 파라를 새로운 PDVSA의 대표로 임명했다. 라메다 장군은 곧바로 반대파에 합류했고, 대통령을 몰아낼 음모에 가담했다.

그런데 차베스 정부 내부에 또 한 번의 큰 균열이 생겼다. 루이스 미퀼레나Luis Miquilena(야레 감옥 시절 이후로 민간운동 진영에서 차베스의 가장 중요한 조언자였다)가 차베스 진영을 떠나기로 결심한 것이다. 차베스 정부 초기에 그는 인사권을 행사하던 막강한 사람이었으며, 2001년 가을부터는 내무부 장관이었다. 11월 초에 그는 대통령과의 면담을 요청했고, 차베스에게 새로운 법안을 포기하라고 요구했다. 하지만 차베스는 지금은 속도를 늦출 때가 아니라 오히려 국가 개혁의 계획을 가지고 전진해야 할 시기라고 생각했다. 결국 미퀼레나는 장관직을 사임하고 라메다 장군처럼 반대파에 합류했다. 미퀼레나의 이탈은 차베스에게는 엄청난 충격이었다. 왜냐하면 미퀼레나는 단순한 동맹자 개인을 넘어서 법원과 국회 내부에 그를 따르는 추종자가 많았기 때문이다.

2001년 말, 정부는 의회에서의 다수당의 위치에 위협을 받게 되었고 법원 내부에서의 위치도 약화되었다. 이러한 정부 내의 이탈에 고무된 반대파 그룹은, 자신들의 생각이 대다수의 의견이며 대통령을 사임시킬 수 있다고 믿게 된다. 그들은 공세적으로, 그들의 지지자를 이끌고 거리로 나섰고 11월에 파업을 조직했다.

한편, 차베스는 이러한 어려움을 돌파하기 위해 새로운 제안을 했다. 바로 '볼리바리안 서클'이다. 그는 혁명을 지지하는 민중들에게 볼리바리안 서클을 조직할 것을 요청했다. 볼리바리안 서클은 12명 정도로 구성되며 차베스와 함께 혁명을 수호하기 위해서 민중들이 자발적으로 조직한 것이다. 볼리바리안 서클은 조직된 지역을 중심으로 혁명의 정당성을 알리고 다양한 경제구호 사업을 벌인다. 이 서클을 통해서, 기존 정당 구조의 바깥에서 소외된 사람들이 정치적으로 각성하고 스스로를 조직하게 되었다.

정부 측과 반대파 사이의 전투가 시작되었다. 상호간 대중집회의 모습으로 나타난 전투는 각각의 진영에서 자신들이 다수라는 것을 증명하려고 애썼다. 정부는 자신의 정치적 입장을 견지하려 했고, 반대파는 정부를 전복하기 위해 쿠데타 예행연습을 하고 있었다. 차베스 반대파는 베네수엘라 군부를 끌어들이고, 미국 정부의 지지를 받기 위해 노력했다.

보수적 군대에서 혁명을 꿈꾸다

차베스는 사관학교를 졸업하고 군복무를 시작했는데 적응이 쉽지 않았다. 상급자와 끊임없이 충돌했고 체포된 적도 여러 번 있었으며 말대답을 한다는 이유로 자주 지적받았다. 보수적인 군대가 진보적인 차베스와 잘 맞지 않았던 것이다.

스물세 살이던 1977년 가을, 차베스는 동부 산악지대에서 소위로 근무하고 있었다. 그때 차베스는 군 생활에 회의를 느끼고 있었고 자신이 불행하다고 생각했다. 근무지인 동부 산악지대에서는 그 당시 좌익 게릴라 활동이 계속되고 있었다. 차베스는 당시에 매우 나쁜 경험을 하게 된다. 차베스는 당시의 상황을 이렇게 얘기했다.

"작은 초소의 초소장으로 근무하던 때였는데 밤늦게 어느 대령이 초소에 들렀습니다. 그 지역은 보안완충지대였고 게릴라들은 주로 야간에 공격했기 때문에 통행금지가 있었습니다. 그 대령은 하룻밤만 지내고 떠날 예정이었습니다. 그 날 밤 나는 한 시골 농부가 고문당하는 장면을 목격했습니다. 대령이 야구방망이로 농부를 두들겨 패고 있었습니다. 음… 사실 대령이 직접 때리는 것은 아니고 내 부하를 시켜 그 짓을 하고 있었습니다."

게릴라와는 전혀 거리가 멀어 보이는 그 농부가 맞는 것을 보고 차베스는 화가 머리끝까지 치밀어 올라서 부하의 행동을 제지시켰다. 그리고 대령에게 강력하게 항의했다. 그러나 나중에 농부는 근처에서 다른 몇 명과 함께 시체로 발견되었다. 모두 살해당한 것이다. 군 장교라는 사람이 실적을 위해서 무고한 농민들을 게릴라로 둔갑시켜 고문하다가 살해하는 모습을 보고 차베스는 분노했다. 농민들과 게릴라들에게 동정심을 갖게 됐고 민중의 진정한 적이 누구인지 깨닫는 계기가 되었다.

쿠나마 시에 있는 교사양성학교에서 학생들을 지도할 때였는데 학생들에게 체 게바라에 대해서 이야기했다가 이런 사실이 상관들에게 알려져 차베스는 심문을 받고 보고서를 제출해야 했다.

음악과 노래를 좋아하는 차베스는 군인들에게 '저항가수인 알리 프리메라가 체 게바라를 찬양하면서 지은 곡'을 틀어주어서 문제가 된 적도 있었다. 그는 다음과 같이 회상한다.

"내가 반항적인 부관 시절에 군인들에게 이 음악을 들려주고는 했습니다. 생각해 보세요. 내 계급은 겨우 소위였어요! 대위가 오더니 군대에서 체 게바라와 알리 프리메라의 노래를 듣다니 미쳤냐고 하더군요. 그렇지만 이것이 우리가 씨를 뿌리는 방법입니다. 이 음악은 내 자신의 내면과 다른 모든 것을 위한 무기입니다. 알리 프리메라는 사람들의 마음을 모아서 그것을 노래로 만들었습니다."

1970년대와 1980년대의 군대는 이렇게 보수적이었고 어려운 시기였다. 차베스는 이런 군 생활에 회의를 느꼈고 그 당시 대학에서 물리학을 가르치고 있던 형 아단에게 대학 입학을 도와달라고 부탁한다. 아단은 공산주의자이고 학생 시절에 혁명운동을 시작했던 사람이다. 그는 베네수엘라의 전설적 게릴라 전사인 더글라스 브라보와 함께 베네수엘라혁명당PRV 활동을 하고 있었다. 그 당시 PRV는 반半 지하조직으로 탄압을 받고 있었고, 분열이 일어나던 시기였다. 일부 조직원은 산악무장투쟁을 전개하고 있었고, 군사적 실패를 경험한 소그룹들은 정치적 활로를 모색하고 있었다. 아무튼 당시 차베스는 형의 그런 활동을 잘 모르고 있었다.

차베스의 고민을 들은 아단은 군대에 남아 있어야 한다며 차베스를 강력하게 설득했다. 그러면서 자신의 활동을 동생에게 털어놓았다. 얼마 지나지 않아 차베스는 형의 소개로 더글라스 브라보를 만났는데 이 만남은 차베스의 마음을 움직였고 군을 떠나서는 안 된다는 것을 깨닫게 해주었다.

차베스는 1978년에서 1982년까지 거의 5년간 더글라스 브라보와 접촉을 유지했다. 차베스는 이러한 만남을 통해 민간운동과 군대 사이의 공조와 지하 활동의 가능성에 대한 의미를 발견할 수 있었다. 그러나 차베스와 더글라스 브라보는 중요한 지점에서 이견을 보이면서 나중에는 결국 헤어진다. 여러 논쟁이 있었지만, 특히 브라보는 직업 군인들을 단지 혁명의 무력 요소로만 파악하고 있었다. 그에 반해, 차베스는 민간과 군의 결합을 매우 중요하게 생각했으며, 군부가 정치적 강령을 기초하는 작업에 적극적으로 참여해야 한다고 생각했다. 이러한 차이점이 후에 그들을 갈라서게 만들었다.

한편, 차베스는 군대 내에서 가능성 있는 동료 장교들의 의중을 떠보기 시작했다. 그러나 동료 장교들의 더글라스 브라보에 대한 인식은 매우 안 좋았다. 장교들은 더글라스 브라보를 군인들을 잡아 죽이는 게릴라, 공산주의자라며 거부했다. 군인의 입장에서 게릴라를 좋게 받아들이기가 힘들었던 것이다. 그러나 게릴라 이야기를 하면 거부감을 느끼던 사람들도 시몬 볼리바르와 그 밖의 국가적 영웅들을 이야기할 때는 많은 호응을 해주었다. 그래서 차베스는 더글라스 브라보보다는 시몬 볼리바르 이야기에 집중하며 동료들을 모으기 시작했다.

1982년에 차베스는 공수부대의 대위가 되었다. 꾸준한 활동 속에서 군대 내에서 혁명동지를 만들 수 있었고 300살이 훨씬 넘은 유명한 나무(사망 데 귀에레) 밑에서 동지들과 맹세를 하고 볼리바르 운동을 건설해나갔다. 어려운 상황 속에서도 차베스는 새로운 움직임을 만들어내고 있었던 것이다.

보수적 군대가 민중의 군대로 바뀌는 과정에서 가장 큰 영향을 준 사건은 '카라카소'다. 베네수엘라의 지배계급은 자신들이 군대를 동원해 민중들 수천 명을 쏴 죽인 이 사건을 무마하고 책임을 전가하기 위해 거짓말들을 꾸며냈다. 페레스 대통령 취임식에 참석하기 위해 베네수엘라를 방문한 피델 카스트로가 봉기를 일으키기 위해서 200명의 쿠바 활동가를 남겨놓고 갔다는 이야기를 널리 퍼트렸다. 차베스는 이러한 거짓말에 분노했다. 카라카소 이후의 분위기가 어떠했는지 차베스는 다음과 같이 설명한다.

"그 비극이 있은 며칠 후 나는 정치학 대학원 과정을 수료하고 있던 대학에서 돌아왔습니다. 책들을 가지고 숙소로 쓰던 화이트 펠리스의 작은 방으로 들어갔습니다. 한 젊은 장교가 갑자기 다가왔습니다. 잘 모르는 사람이었는데 그가 말하더군요.

'소령님, 대화를 나누고 싶습니다. 소령님, 그들은 당신이 운동에 가담하고 있다고 하던데요. 그들은 볼리바리안 운동에 대해서 이야기하고 있습니다.'

물론 주의하라는 이야기를 들은데다가 그는 잘 알지도 못하는 청년이었습니다. 그래서 모른 체하고 '길에서 들리는 말로는 자네가 운동에 가담하고 있다던데'라고 대답했지요. 그는 자기가 카라카소 학살 동안 대통령궁을 순찰하던 당시에 있었던 비극적 사건들을 이야기해 주었습니다.

그는 상점을 털고 있던 여러 아이들을 잡아서 인근에 있는 야구 경기장으로 데리고 갔습니다. 아이들을 억류하고 있었지만 나쁜 감정은 없었다고 합니다. 그는 오후쯤에 아이들을 풀어줄 계획이었습니다. 그런데 상부로부터 아이들을 티우아나 기지나 DISIP(비밀경찰) 본부로 호송하라는 명령을 받았습니다. 그는 명령에 따라서 DISIP의 요원에게 그들을 인계했습니다. 중위는 병력을 모아서 다시 순찰을 시작했습니다. 그런데 30분 뒤에 아이들 모두가 골목길에서 발견되었습니다, 살해당한 채로요. 그는 아이들을 보고는 분노로 눈물을 흘리며 항의해 봤지만 돌아온 대답은 조용히 하라는 말과 간섭하지 말라는 말뿐이었습니다.

그가 이야기를 마치고 말했습니다.

'소령님, 들어보세요, 당신이 운동에 가담하고 있다면 그렇다고 말해 주십시오. 그렇지 않다면 여기서 나가겠습니다.'

나는 보안상의 이유로 그 날 밤 어떤 말도 할 수 없었습니다. 그렇지만 나 또한 그런 일에 반대한다는 정도는 이야기해 주었습니다. 나중에 그 청년을 잘 알고 있는 동지들로부터 그 청년에 대해 좀더 들었습니다. 그는 결국 운동에 가담했고 2월 4일 우리의 쿠데타에도 참여했습니다. 이것은 하나의 사례에 불과합니다. 젊은 군인들 중에 이런 이들이 얼마든지 있습니다."

차베스와 100명이 넘는 장교가 가담한 1992년 2월 4일의 쿠데타가 실패하고 이들이 감옥에 갇힌 후에도 운동 세력은 오히려 힘을 더해가서 결국 볼리바리안 혁명 정부를 건설하는 데 핵심적 역할을 했다. 차베스는 다음과 같이 말한다.

"현재 육군참모총장인 바두엘 장군은 1982년에 나무 밑에서 같이 맹세했던 사이입니다. 공군사령관인 코르데로 장군도 과거 1980년대에 공군 부대에서 함께 맹세를 나누었고 해군사령관도 마찬가지입니다. 그의 아내는 대위인데 그녀 역시 오래 전부터 혁명적인 사람입니다. 국가경비대장은 말할 것도 없지요. 군 계급의 하부까지 모든 범위에서 볼리바르 사상은 어디에서나 찾아볼 수 있을 것입니다."

Chavez &
The Bolivarian Revolution

4

반대파의 공격과
민중들의 혁명 수호

거리에서는 빈민들이 뛰쳐나와 차베스의 복귀를 요구하며 도시를 장악한 상태인데도 민간방송들은
사주의 지시에 따라 이런 사실을 취재하지 않았고 오전 뉴스 보도에서도 완전히 배제했다.
그들은 사실을 보도하는 대신 만화나 한물 간 영화들을 방송했다. 이런 상황에서
가르시아 카르네이로 장군이 기지 밖에 운집한 군중에게 호소하기 위해 나왔다. 그는 탱크 위로
올라가 확성기를 들고 군부는 쿠데타 정부와 카르모나를 군의 최고통수권자로 인정할 수 없으며
차베스의 복귀를 위해 모든 노력을 아끼지 않을 것이라고 선언했다.
베네수엘라 전역에 산재한 병영 주변에는 차베스를 지지하는 민중들로 가득했다.
빈민들과 차베스를 지지하는 군인들은 신속하게 결합할 수 있었다.

10

반대파의 첫 번째 공격,
2002년 4월 쿠데타

반 차베스 세력 집결하다

2001년 말, 차베스가 49개 개혁법안을 통과시키면서 보수 정당, 재벌에 의해 운영되는 보수 언론, 일부 군부 세력이 차베스를 지지하는 빈민들과 본격적으로 대립하기 시작했다. 양측은 각각 베네수엘라 역사에서 이전에는 볼 수 없었던 수십만의 인파를 집결시키며 친정부 집회와 반정부 집회를 벌였다. 거의 대부분의 언론을 장악하고 있던 거대 보수 언론 매체들은 쿠데타를 선동하기 시작했다.

차베스는 OPEC 기능의 강화와 유가의 적정 가격을 주장하며 석유 증산을 통제했다. 베네수엘라가 미국의 주요 석유 공급원이라는 점에서 카스트로에 이어 반미의 선봉장으로 떠오르는 차베스는 미국에게 골칫거리였다. 게다가 리비아와 이라크의 석유금수 조치

움직임이 임박하자 미국은 조급해지기 시작했다. 미국은 그동안 차베스가 이끄는 볼리바리안 혁명의 급진적인 방향을 매우 불만스러워했다. 쿠데타 음모는 국가의 주요한 산업자본가, 재계 인사, 주요한 노동운동 지도자, 거대 보수 언론의 사주, 가톨릭 교회의 사제, 그리고 군부가 치밀하게 계획한 일이었고 미국이 막후에서 그들을 지원했다.

미국 CIA의 2002년 4월 6일자 보고서에는 앞으로 벌어질 쿠데타에 대해 "차베스에 불만을 가진 고위 장성들이 쿠데타를 준비하고 있다. 군대 동원의 명분을 얻기 위해서 그들은 예정된 반 차베스 집회에서 불안을 조성할 것이다"라고 써 있다. 이미 베네수엘라의 몇몇 군부 인사와 기업인들이 미국을 방문해서 쿠데타에 대한 사전승인을 받아놓은 상태였다. 2002년 초에 이르자 몇몇 현역 군인들이 방송에 출연해 차베스의 사퇴를 요구하기에 이른다.

쿠데타를 위한 사전 작업, 시위와 파업을 조직하다

2002년 초, 쿠데타를 준비하던 특권층은 정부가 49개 개혁법안을 통해 추진한 PDVSA(베네수엘라 국영석유회사)의 국유화 조치를 집중적으로 비난했다. 49개의 개혁법안에 포함된 탄화수소법은 석유산업의 이익을 국가에 귀속시키는 법안이었고, 이를 위해 차베스는 기존의 부패한 이사들을 해임하고 새로운 이사진을 파견했다.

2002년 4월, 이러한 국유화 조치에 반대하는 페데카메라스 Fedecameras(상공회의소, 우리나라 전경련에 해당한다) 의장인 페드로 카르모나 에스탄가Pedro Carmona Estanga와 부패한 어용노조인 베네수엘라 노동조합 총연맹CTV의 카를로스 오르테가Carlos Ortega 의장은 행동을 같이하여 대통령의 사임이라는 철저한 목표 아래 베네수엘라 역사상 유래를 찾아볼 수 없는 노동자-자본가 연대파업을 일으켰다. 야당과 일부 종교지도자, 보수 언론을 포함하는 반 차베스 진영은 4월 11일에 대규모 행진을 계획한다.

의도된 유혈사태

4월 11일 이른 아침, 반 차베스 집회가 시작되었다. 집회의 목적은 차베스의 사임을 요구하는 한편 PDVSA의 국유화에 반대해 PDVSA의 본사가 있는 카라카스 도심까지 행진하는 것이었다. 그러나 갑자기 행진의 방향이 미라플로레스 대통령궁으로 변경되었다. 수십만 명에 달하는 집회 참가자들이 향하고 있는 미라플로레스 근처에는 그 날 아침 빈민가에서 황급히 달려온 차베스 지지자들이 모여 있었다.

양측은 카르멜리타 다리 위에서 맞닥뜨렸다. 그런데 양측 사이에서 국가경비대와 함께 완충 역할을 하던 카라카스 시 경찰이 갑자기 발포하기 시작했다(카라카스 시장은 차베스 반대파 사람이었다). 그와 동시에 주변 건물 옥상에 배치된 저격수들이 다리 주변의 시위대를 향해 조준 사격을 시작했다. 양측의 시위대들을 비롯해 인근 행인들과 언론사 기자들을 포함한 사상자가 속출했다.

이 유혈참극으로 20여 명이 사망하고 148명의 부상자가 발생했다. 보수 언론은 위기에 몰린 차베스 지지자들과 차베스의 지시를 받은 군대가 반정부 시위대에 발포해서 벌어진 참극이며 차베스가 책임을 지고 사퇴해야 한다는 보도를 끊임없이 내보냈다. 텔레비전에서는 차베스 측 지지자가 대응 사격하는 장면을 증거라도 제시하듯 되풀이해서 방영했다.

차베스 반대파, 반격에 나서다

마침 네스토르 곤살레스 장군을 비롯한 여러 장성들이 텔레비전에 출연하여 대통령의 하야를 요구했다. 이러한 요구는 절묘한 순간에 발표되도록 이미 계획된 것이었다. 사실, 차베스 반대파의 가두행진과 총기 발포를 통한 혼란 사태는 반대파 측에서 쿠데타의 명분을 만들기 위해 사전에 치밀하게 계획한 것이었다. 나중에 양심적인 외신기자가 폭로했듯이, 차베스 반대파들은 총격 사건이 일어나기 전부터 사망자 수를 언급하는 기자회견 방송을 미리 녹화하고 있었다.

이미 정오 무렵에 상황의 급박함을 알고 있던 차베스는 '아빌라 계획Plan Avila'을 시행하기로 결정했다. 이 작전은 대통령궁을 방어하고 임박한 쿠데타를 제압하기 위해 비상병력을 동원하는 계획이었다. 차베스를 지지하는 호르헤 가르시아 카르네이로Jorge Garcia Carneiro 장군은 계획을 실행하라는 명령을 받고 육군 본부와 연락을 취했다. 그러나 오히려 그곳에 모여 있는 일단의 장성들이 대통령을 체포하려는 계획을 가지고 있다는 사실을 알게 되었다. 더 좋지 않은 소식은 다수의 국가경비대 장교들뿐 아니라 시 중심에 있는 공군기지인 프란시스코 데 미란다에 모여 있는 일단의 공군 장성들도 차베스 반대 쿠데타에 가담하고 있다는 것이었다.

차베스는 텔레비전 연설을 통해서 사태를 반전시키고자 했고 민간 텔레비전 방송국들은 그러한 내용을 중계할 의무가 있었다. 하지만 주요 민간 방송국들은 미라플로레스 궁 주변의 도로에서 있었던 충돌 장면들을 지속적으로 방영하면서 차베스의 연설이 제대로 전달되지 못하게 방해했다. 차베스를 지지하는 장교들은 텔레비전에서 방송하고 있는 영상을 보고 당황했다.

텔레비전 방송국들은 차베스를 지지하는 군중들이 반 차베스 집회 군중을 향해 발포하는 장면과 퇴역 장성들이 연이어 나와 대통령의 사임을 요구하는 장면을 되풀이해서 방송하고 있었다. 차베스의 앞길에 불길한 그림자가 짙어갔다. 차베스는 대통령 관저를 경비하던 소수의 병력들과 함께 고립되었다. 그는 쿠데타 세력에 대항해 싸우는 것을 제외하고 다른 방안이 없다면 그렇게 할 생각이었다.

쿠바에서 카스트로가 전화를 걸어온 시간은 대략 자정쯤이었다. 카스트로 생각에, 차베스는 남미의 미래에 있어 너무나 중요한 인물이기 때문에 아옌데처럼 죽게 할 수는 없었다. 카스트로는 차베스에게 승산 없는 싸움에 자신을 희생하지 말라고 충고했다. "위엄을 갖고 협상하고 자신을 희생하지 말게. 이것이 끝이 아니기 때문이네. 절대 자신을 희생하지 말게나." 죽음도 각오하고 있던 차베스에게 카스트로의 충고는 냉정을 찾는 데 도움이 되었다.

이러한 어려운 상황에서도 다행히 핵심 전력을 이루는 공수부대 사령관인 라울 바두엘(차베스와 '사망 데 귀에레 나무'에서 혁명의 서약을 했다) 장군과 마라카이보에 주둔하고 있는 전차부대 사령관은 여전히 차베스와 뜻을 함께 하고 있었다.

차베스는 푸에르테 티우나 기지(육군 본부)에 모여 있는 쿠데타 수뇌부에게 조건부 사임안을 제시했다. 국방부에는 이들 수뇌부 이외에도 미국의 군사 사절단이 함께 자리하고 있었다. 그렇지만 헌법에 따른 적법한 사임 절차를 요구하던 차베스의 제안은 거부되었고 쿠데타 측에 가담한 로센도 합참의장은 차베스의 무조건 사임을 요구하는 최후통첩을 전해왔다.

체포된 차베스

쿠데타 측은 새벽을 기해 대통령궁에 전차포사격과 공중폭격을 가할 것이라고 위협했다. 차베스는 자신이 제출한 조건부 사임안을 철회하고 어떠한 사임문서에도 서명하지 않기로 결정했다. 대통령궁에서의 저항은 결국 인명살상만을 가져온 채 실패로 끝날 가능성이 컸기 때문에, 차베스는 그들의 요구대로 적의 수중에 있는 푸에르테 티우나 기지에 가기로 결정했다.

푸에르테 티우나 기지는 국방부 청사를 비롯해 주요한 군사시설이 들어서 있는 거대한 기지다. 그곳에는 차베스를 맞이하기 위해 많은 장성들과 병력이 대기하고 있었다. 푸엔마요르 레온 장군은 국가 혼란의 책임을 이유로 들면서, 참석자 전원의 이름으로 차베스의 사퇴를 요구했다. 당시 보수 언론에서는 차베스가 이미 대통령직에서 사임했고 민주주의가 회복되었다는 뉴스가 방송을 타고 있었다. 수뇌부는 대통령 사임서에 서명할 것을 요구했으나 차베스는 이를 거부하며 자신이 아직도 이 나라의 대통령임을 분명히 했다. 몇몇 장성들은 이런 단호한 자세에 동요하기 시작했다. 쿠데타 측의 군 장악력은 분명히 문제가 있어 보였다.

이러한 상황에서 베네수엘라 군의 총사령관인 루이스 린콘 로메로 장군이 텔레비전에 출연하여 차베스 대통령이 대통령직에서 사임했다고 발표했다. 뉴스는 끊임없이 차베스가 사임하고 군이 만장일치로 쿠데타를 지지하고 있다는 내용의 보도를 내보내고 있었다. 감금된 방에서 다행히도 텔레비전을 시청할 수 있었던 차베스는 쿠데타에 대해 잘못된 정보가 유포되고 있음을 알 수 있었다.

정부의 입장을 대변할 수 있는 유일한 통로인 국영 채널 8번 Canal Ocho의 방송이 불가능해지자 베네수엘라는 보수 신문과 TV 방송이 떠드는 대로, 즉 쿠데타는 모든 군대의 지원을 받고 있으며 차베스는 이미 사퇴했다는 오보로 뒤덮였다. 이러한 오보는 그대로 외국으로 전송되고 있었다. 이런 난국을 돌파할 수 있었던 시발점은 운 좋게도 차베스가 자신의 딸인 마리아 가브리엘라와 나눈 한 통의 통화였다. 차베스는 집으로 전화를 걸어 딸에게 외국으로 정확한 사실이 전달될 수 있도록 해야 하며 자신은 사퇴하지 않았고 심각한 살해 위협에 처해 있다고 전했다. 차베스의 아내인 마리사벨은 CNN과 연락했고 가브리엘라는 아바나에 있는 피델 카스트로에게 이 사실을 알렸다. 아침이 되자 베네수엘라의 진정한 상황이 CNN과 라디오 아바나를 통해 세계 전역으로 송출되기 시작했다.

쿠데타, 역전되기 시작하다

4월 12일 오후, 상공회의소장인 페드로 카르모나가 임시대통령에 취임했다. 카르모나는 취임하자마자 국회와 대법원의 기능을 정지시키고 '베네수엘라 볼리바르 공화국'이란 국명에서 '볼리바르'

를 떼버렸다. 또한 49개 개혁법안의 무효 선언과 함께 앞으로 더 이상 쿠바로 석유를 보내는 일 따위는 없을 것이라고 발표했다. 차베스가 대통령이 되기 전의 상태로 모든 것을 되돌리려는 것이 그의 목적인 것처럼 보였다.

카르모나는 새로운 내각을 발표했으며 PDVSA의 국유화에 반대했던 전력을 지닌 라메다 장군이 PDVSA의 사장으로 재임명되었다. 루이스 미퀼레나는 기자회견장에 나와 새로운 정부에 대한 지지를 표명했다. 그런데 CTV의 의장이자 쿠데타에 앞장섰던 카를로스 오르테가가 내각에서 제외되었다. 오르테가는 민주행동당의 당원이었기 때문에 국회 폐쇄에 반발했다. 쿠데타 측이 무리하게 초강수를 둠으로써 점차 그들의 지지 세력은 분열되었다.

쿠데타 측이 저지른 또 다른 실수는 군부를 전면적으로 개편하려는 것이었다. 카르모나는 군부 내 반 차베스 세력의 주요 인물인 바스케스 벨라스코 장군을 포함한 많은 고위 장성을 해임시켰다. 결국 차베스 축출에 나섰던 노조 지도부와 고위 장성들만 우스운 꼴이 되어버렸다.

새로운 정부의 과격한 보수반동 프로그램은 쿠데타를 지지했던 많은 장교들에게 인기가 없었다. 차베스를 지지하는 청년 장교들이 쿠데타 정부에 대항했으며 거리에는 30만이 넘는 빈민들로 가득 찼다. 차베스 반대파인 알프레도 페냐Alfredo Pena 카라카스 시장이 지휘하는 카라카스 경찰이 빈민들에게 발포해서 수십 명의 사상자가 발생하자 내전을 걱정해야 하는 상황으로 치닫고 있었다. 쿠데타 측은 내전을 감당할 자신이 없었다. 그러나 이미 12일 오후에 분위기는 쿠데타 세력에게 불리한 방향으로 진행되고 있었다.

그 날 저녁, 차베스는 투리아모 해군 기지로 이송되었다. 국외로 추방될지 아니면 살해될지 알 수 없었다. 쿠데타 세력은 미국 외에도 식민모국인 스페인의 우익정권 호세 아스나르 정권과 연락을 취하고 있었다. 양국 정부는 쿠데타 속보와 함께 쿠데타를 인정하는 미-스페인 공동성명을 발표했으나 미주협력기구OAS 대부분의 국가는 차베스를 지지했다. 미국은 좌절했다.

다음날 아침, 차베스는 투리아모 기지의 젊은 장교로부터 외부 상황에 대해 간략한 설명을 들을 수 있었다. 라울 바두엘 공수부대 사령관은 여전히 마라카이를 장악한 채 새로운 대통령인 카르모나의 명령을 거부하고 있으며 민중들이 거리로 뛰쳐나오고 있다는 소식이었다.

쿠데타 지도부는 만일에 대비하여 차베스를 투리아모에서 근해의 작은 섬인 라 오르칠라로 이송하기로 결정했다. 이곳에서도 쿠데타 측은 차베스에게 끊임없이 사임서에 서명할 것을 강요했다. 쿠데타를 지지하는 미국 정부가 차베스가 직접 서명한 사임서를 요구했기 때문이었다. 미국 정부는 이 사임서를 받는 즉시 언론과 외신 등에 공개해서 자신들이 지지하는 보수반동 쿠데타를 정당화할 계획이었다.

차베스는 자신을 감시하는 군인들에게 자신이 베네수엘라의 대통령이란 사실을 주지시켰다. 자신은 결코 사임한 적이 없으며 그들에게 현명하게 판단해서 행동할 것을 주문했다. 다행히도 그들은 차베스에게 우호적인 감정을 갖고 있었다. 이 때문에 쿠데타 측의 계속된 살해 위협 속에서도 차베스는 목숨을 부지할 수 있었다.

한편, 대통령이 된 카르모나는 카라카스에 고립된 상황에서 언론 사주와 편집장들을 소집했다. 이들의 더욱 많은 지원이 필요했기 때문이다. 베네비시온Venevision의 구스타보 시스네로스Gustavo Cisneros를 비롯한 방송사 사주들과 더불어 유력 일간지인 엘 우니베르살El Universal과 엘 나시오날El National의 사주들이 자리를 함께했다. 시스네로스가 거리낌 없이 새 정부의 언론 전략은 자기들에게 맡겨두라고 하자 카르모나도 이에 동의했다. 하지만 그들이 모임을 위해 대통령궁으로 가는 그 순간에도 이미 거대한 차베스 지지자들의 물결이 대통령궁을 포위하고 있었다. 잠시 후 그들은 바두엘 장군이 마라카이에서 봉기를 일으켰다는 뉴스를 들었다. 쿠데타는 점점 꼬이기 시작했다.

민중의 힘으로 구출되다

대통령궁 건너편에 있는 건물에 주둔하고 있던 부대의 지휘관인 헤수스 모라오 카르도나Jesús Morao Cardona 대령은 드디어 행동을 개시하기로 결정했다. 그는 침묵 속에서 지난 24시간 동안 사태의 추이를 살피고 있었다. 현재 대통령궁과 주변 도로, 심지어는 라 과이라 항구로 가는 차도까지 산동네 빈민촌의 주민들로 가득 차 있었다. 그들은 파도처럼 도심으로 밀고 내려와 차베스의 복귀를 요구하며 거대한 바다를 이루고 있었다.

때가 되자 모라오 대령은 휘하 병력에게 대통령궁 장악을 명령했다. 모라오 대령의 부대는 대통령궁으로 연결된 지하 비밀통로를 빠져나와 카르모나의 지지자들을 체포했다. 잔당들은 그들의 차로 몸을 피해 군중 속으로 사라졌다. 카르모나는 군부 세력과 결합하기 위해 푸에르테 티우나로 달아났다. 그러나 푸에르테 티우나에서의 상황도 좋지는 않았다. 이곳에서도 역시 수천 명의 차베스 지지자들이 청사 주변을 에워싸고 대통령의 복귀를 요구하고 있었다. 기지 안에 있던 여러 명의 친 차베스 장교들은 쿠데타 지도부가 그들을 속였다고 불만을 토로했다.

거리에서는 빈민들이 뛰쳐나와 차베스의 복귀를 요구하며 도시를 장악한 상태인데도 민간 방송들은 사주의 지시에 따라 이런 사실을 취재하지 않았고 오전 뉴스 보도에서도 완전히 배제했다. 그들은 사실을 보도하는 대신 만화나 한물 간 영화들을 방송했다. 이런 상황에서 가르시아 카르네이로 장군이 기지 밖에 운집한 군중에게 호소하기 위해 나왔다. 그는 탱크 위로 올라가 확성기를 들고 군부는 쿠데타 정부와 카르모나를 군의 최고통수권자로 인정할 수 없으며 차베스의 복귀를 위해 모든 노력을 아끼지 않을 것이라고 선언했다.

베네수엘라 전역에 산재한 병영 주변에는 차베스를 지지하는 민중들로 가득했다. 빈민들과 차베스를 지지하는 군인들은 신속하게 결합할 수 있었다. 한편, 쿠데타 수뇌부와 대책을 마련 중이던 카르모나는 오후 7시경에 쿠데타 측 군인들과 함께 체포되었다. 카르모나의 죄명은 '공화국의 헌법을 파괴한 죄'였다. 이로써 카르모나의 24시간 동안의 짧은 대통령 임기는 막을 내렸다.

4월 14일 새벽 3시 45분, 차베스는 수많은 군중과 군인들의 환호 속에서 대통령궁인 미라플로레스로 무사히 복귀했다. 차베스는 자신을 환영하는 수많은 인파들을 상대로 차분하게 얘기했다. "여러분이 역사를 창조했습니다. 민중들이 새로운 역사를 만들었습니다."

이 쿠데타로 베네수엘라 경제는 큰 타격을 입었고 주택건설사업

보수반동 세력의 쿠데타에서 구출된 차베스

을 비롯해 차베스 정부의 많은 계획들이 상처를 입었다. 쿠데타 위기를 넘긴 이후에도 반정부 시위와 특권층의 파업 위협은 계속되었다. 차베스 반대 세력은 차베스가 유화적인 움직임을 보이자 정권 전복을 위한 또 다른 공격을 준비했다.

11

반대파의 두 번째 공격,
2002년 11월 경제 쿠데타

차베스 없는 크리스마스!

2002년 4월 쿠데타가 실패한 이후에도 부자들과 중산층 이상의 기득권 세력은 정부에 대한 요란한 도발을 계속했다. 그에 대한 응전으로 빈민들은 빈민가에서 나와 그들의 대통령에 대한 충성을 증명하기 위해 정기적으로 시위를 계속했다. 나라 전체가 어떻게 될지 모르는 불확실한 분위기가 2001년, 2002년 내내 지속되었다.

반대 진영은 4월의 실패에도 굴하지 않고, 총파업 전술을 채택했다. 이때 반대 진영은 상당수 자영업자들의 호응이 좋지 않음을 확인하고는 그들의 노력을 석유산업을 황폐화하는 데 집중하기로 한다. 그들은 PDVSA를 완전히 정지시키려는 계획을 세웠다. 이 파업은 현장의 노동자들보다는 고급관리와 경영진들이 주도하고 있었고, 여기에는 베네수엘라의 경제를 파탄으로 내몰아 차베스를 사임시키려는 의도가 깔려 있었다. '차베스 없는 크리스마스!'가 반대 진영의 슬로건이었다.

그러나 오래지 않아 반대 진영은 상황이 자신들의 야심대로 흐르지 않는다는 것을 깨달았다. 4월 쿠데타 이후 쿠데타에 연루된 많은 보수적인 장군들이 퇴역했기 때문에 군대는 그전보다 더욱 확고히 대통령을 지지했다. 보수적인 장군들도 노골적으로 불평을 늘어놓기 어려운 상황이었다. 또한 이라크 침공을 불과 한 달 앞둔 미국으로서는 노골적으로 쿠데타를 지원할 수 없었다. 오히려 공개적으로 미주기구OAS가 후원하는 반대 진영과 정부 간의 협상을 강조했다. 원하지는 않지만, 외부 세계에는 베네수엘라의 정치사회 위기를 대화로 풀려고 하는 것처럼 보여야 했다.

하지만 가장 중요한 것은 빈민들이 움직이기 시작한 것이다. 1998년 이후 빈민들은 반복해서 차베스에게 표를 주었지만, 차베스의 혁명적 프로그램은 아직 위로부터 진행되는 것이었지 빈민들의 참여 속에서 진행되는 것이 아니었다. 그러나 4월 쿠데타 이후 특권층이 아닌 사람들은 자신들이 지켜야 할 정부를 가지고 있음을 깨달았다. 반복되는 반대 진영의 항의 시위는 기대치 않았던 결과를 낳았다. 반대파의 시위는 이제까지 중산층이나 상층계급들이 잠들어 있기를 바랐던 빈민들의 의식을 깨우고, 계급투쟁과 인종 간의 전쟁이라는 현상을 불러 일으켰다.

전통적인 지배계급이 볼리바리안 혁명에 대해 가진 격심한 증오의 이면에는 베네수엘라 인구 대다수를 차지하는 흑인과 인디안, 그리고 혼혈인종이 전면에 나설 때 맞닥트려야 하는 백인들의 공포가 있었다. 비록 계급투쟁의 측면이 강하지만 2002년 4월의 반 차베스 쿠데타 아래에 흐르는 정서 중 한 가지는 인종주의다.

베네수엘라의 인종주의의 기원은 두 가지다. 한 가지는 거의 500년 전에 기원을 둔 유럽 이주자들의 아프리카 노예와 이 나라의 원주민에 대한 인종주의고 다른 한 가지는 20세기에, 석유가 풍부한 약속의 땅에 매료되어 이 나라에 온 백인 후예들로부터 비롯된 인종주의다. 따라서 가난한 사람들의 대통령이 되겠다고 주장하는 차베스는 인종적 분노의 표적이 되었다.

반대파, 국영석유회사를 이용하다

반대 진영은 국영석유회사PDVSA에 한해서는 자신들이 상황을 좌우할 수 있다고 생각했다. PDVSA가 베네수엘라 경제에서 차지하는 비중으로나 기득권 세력에게 철저히 장악당한 회사 상황으로 볼 때 충분히 그럴 수 있을 것 같았다.

25년 전에 국유화되었던 PDVSA는 회사의 경영진과 직원들에게만 엄청난 이익을 주고 있었고 회사에서 나오는 이윤은 베네수엘라가 아닌 다른 지역에 투자되었다. 차베스가 당선되기 전에 이 회사는 사유화를 준비하고 있었고, 그러한 사유화는 회사의 관리자와 기술자들에게만 유리하게끔 되어 있었다. 차베스는 1999년 볼리바리안 헌법을 통해 이러한 가능성을 중단시키고 사유화를 완전히 봉쇄했다. 그렇기 때문에 이 회사의 엘리트들은 반대 진영에 쉽게 합류했다. 총파업이 12월로 잡히자, 석유회사의 관리자들은 자신들의 회사가 완전히 정지되도록 모든 조치를 감행했다. 다른 반대 진영

사람들과 마찬가지로 그들도 경제를 마비시킴으로써 권력이 교체되기를 원했다.

차베스의 승리

그렇지만 이미 4월의 위기에서 탈출한 경험이 있는 차베스였다. 그는 만반의 준비를 해놓고 있었다. 이번에 차베스는 조언자들의 말을 들었다. 정부는 어떤 일이 일어날지 예상하고 준비했고, 계획한 대로 집행했다. 12월은 반대 진영의 예상과는 다르게 흘러갔다. 차베스를 지지하는 대부분의 국민들은 식량 부족, 석유 부족, 정전, 교통대란을 잘 견뎌냈다. 12월 말에 접어들자 차베스는 지도부도 없이 분열된 반대 진영에 단호한 반격을 가했다. 크리스마스까지 파업이 지속될 것이라는 반대 진영의 기대는 사라졌고, 미래에 대한 확고함도 이미 없어졌다.

그렇지만 이 파업에서 유조선과 석유회사의 컴퓨터에 관해서는 정부가 제대로 대응하기 힘들었다. 왜냐하면 많은 유조선 선장들이 파업에 참가했기 때문에, 배를 장악하고 기간선원을 투입하는 데 시간이 걸렸으며, 회사 컴퓨터를 보호하고 사보타지를 막는 데는 더욱 많은 문제가 있었다. 차베스는 2003년 1월 연설에서 당시 위험했던 상황을 이렇게 설명하고 있다.

"아시다시피 PDVSA의 모든 시스템, 모든 시설은 전산화되고, 체계화되어 있습니다. 예를 들어 온도차단 지점인 600도 이상으로 보일러 온도가 높아지지 않도록 하기 위해 제어 시스템의 컴퓨터를 많은 사람들이 모니터링합니다. 그런데 파업에 가담한 이들은 자신의 자리를 떠났을 뿐 아니라 떠나기 전에 기기를 조작해 놓았던 것입니다. 즉 600도가 아니라 800도로 차단 온도를 올려놓았던 것이죠. 만약 우리의 기술자들이 제어 시스템을 확인하고 제대로 조정하지 않았다면 어떤 일이 일어났을까요? 온도가 600도를 넘어서 800도에 이르렀다면 대폭발이라는 재앙이 일어났을 것입니다."

결국 석유 시설을 파괴하려는 석유회사의 파업 행위는 반대파 자신들에게 화살이 되어 돌아갔다. 애국주의의 상징인 석유산업을 지켜야 한다는 여론이 형성되었고, 시설, 항구, 파이프라인을 보호하기 위해 군대가 파견되었다.

국영석유회사의 진정한 국유화

반대파의 파업이 실패로 끝난 후 이제 가장 중요한 임무는 석유회사를 정부 통제 아래 두는 것이었다. 회사의 관리자들은 해고되었고, 보수적인 경영진은 진보적인 사람들로 대체되었다. 고위 경영자들은 물론 일반 종업원들도 해고되었는데 석유산업에 있는 1만 8000명이 일자리를 잃었다. 이는 전체 노동자 4만 명의 거의 절반에 달하는 숫자다. 그리고 모든 구조가 개편되었다. 지역적으로 두 개의 자회사로 분리되고, 중앙집중화된 운영은 막을 내렸다. 차베스는 석유회사들과 경영상의 변화에 관련된 요지를 2003년도 1월 5일 카라카스 연설에서 밝혔다.

"우리는 궁극적인 결론에 다다르고 있습니다. 우리는 베네수엘라 석유를 재조직함으로써 이 회사를 더욱 강하고, 효율적으로 만들고, 나라의 이익에 부합하도록 하는 일에 착수할 것입니다. 지금

까지 이 회사는 자신들의 한직을 지키려는 일부 소수의 특권층에만
이익을 주었을 뿐입니다.”

PDVSA의 사장 알리 로드리게스Ali Rodriguez는 미국 작가 그렉 윌
포드와의 인터뷰에서 그 문제에 대해 다음과 같이 설명했다.

“베네수엘라 석유에서 거의 1만 9000명이 떠났습니다. 이들 대
다수는 회사의 모든 운영, 즉 채취·생산·수송·정유·판매·공
급·재정을 책임지던 사람들입니다. 이것은 확실히 이 모든 시스템
을 다시 구축해야 한다는 문제를 의미합니다.”

베네수엘라 석유는 심각한 과다고용 상태에 놓여 있었지만 파업
이 아니었다면 구조조정은 정치적으로 불가능했을 것이다. 62일 동
안의 고용의무를 포기한 덕에, 그들은 노동법에 따라 합법적으로
해고되었다. 빈자리는 기존 근로자들과 퇴직자들의 재고용으로 빠
르게 채워나갔다.

반대파의 세 번째 공격,
2004년 8월 소환투표

반대파, 민주적인 헌법을 이용하다

2002년에 이미 두 번이나 쿠데타를 일으켰던 반대파들은 아직 포기하지 않고 있었다. 바로 소환투표 때문이었다. 볼리바리안 헌법에서는 소환투표 제도를 보장하고 있다. 반대파가 유권자 20퍼센트의 서명을 받으면, 이를 통해서 차베스를 소환할지 말지를 결정하는 국민투표를 할 수 있다. 반대파들은 2003년부터 조심스럽게 제안된 이 아이디어를 위해 '민주주의 조정자(Coordinadora Democratica, CD)'라는 단체를 중심으로 연합했다. 그들은 소환투표에서 그들이 이길 것이라고 확신했다. 게다가 그들은 전 미국 대통령이었던 지미 카터의 도움을 받을 수도 있었다.

2003년 11월 전국에서 서명 작업이 진행되었고, 반대파들은

347만 7000명의 서명을 받았다고 선언했다. 이는 소환투표를 하기에 충분한 수치였다. 차베스 정부 측에서는 부정행위가 벌어졌다고 주장했다. 국가선거관리위원회CNE는 이런 정부 측의 주장을 받아들여 서명 받은 명단을 정밀하게 검사했다. CNE는 검사 결과 서명 중에서 191만 1000개의 서명만이 유효하며, 나머지 서명 중에서 37만 5000개는 유효하지 않고, 120만 개는 의혹이 간다고 선언했다. 소환투표에 필요한 유권자 20퍼센트를 충족시키기 위해서는 의심 가는 서명들 중에서 약 52만 5000개가 유효하다는 인정을 받아야 했다.

2004년 초반에 정부 측과 반대파 측은 몇 달 동안이나 논쟁을 벌였고 양자는 결국 CNE가 서명한 사람들에게 자신의 서명을 직접 확인시키기로 하는 데 동의했다. 이러한 검증 절차는 2004년 5월 말 사흘 동안에 진행됐는데, 결국 6월 3일 CNE는 소환투표를 하기에 충분한 서명을 받았음을 선언했다.

차베스의 정면 돌파

차베스는 그 자신이 헌법에 소환투표에 관한 조항을 넣는 것에 적극적이었다면서 소환투표를 받아들였다. 그는 자신이 유리한 입장에 있으며, 자신을 지지하는 캠페인이 회오리바람처럼 전국에 휘몰아칠 것을 알고 있었다. 실제로 그는 군사전략가로서, 그리고 정치조직가로서의 그 자신의 모든 역량을 동원했다.

유권자 등록운동을 벌여 수십만 명의 새로운 유권자를 만들었고, 장기간 거주한 이민자들에게 시민권을 주었다. 이민자들 대부분이 차베스를 지지했기 때문에 차베스에게 매우 유리했다. CNE의

계산으로는 소환투표를 앞둔 몇 달 간 200~300만 명의 새로운 유권자들이 등록했다. 캠페인이 진행되는 동안, 차베스 지지자들은 빈민가와 산간벽지를 다니며 최대한 많은 사람들이 투표권을 가질 수 있도록 노력했다.

게다가 이 기간 동안 차베스는 예상치 못한 호재를 만나는데, 바로 국제 유가가 큰 폭으로 상승한 것이다. 배럴당 50달러로 올라 5년 동안 다섯 배나 증가했는데, 이는 이라크 전쟁, 세계적 차원에서 석유 공급의 감소, 중국과 인도에서의 수요 증가 때문이었다. 또한 베네수엘라가 주도한 OPEC의 확고한 태도(OPEC는 석유를 과다 생산하지 않고 생산 할당량을 철저히 지키려는 태도를 견지했다)도 유가가 오르는 데 그 역할을 했다. 늘어난 석유 수입의 대부분은 빈민가에서 무상교육과 무상의료 사업을 진행하는 데 사용되었고 이러한 사업들은 의심할 바 없이 대중들이 차베스에게 지지 투표를 하게 하는 강력한 동기가 되었다.

베네수엘라의 차베스 반대파들은 CD로 연합했지만 실질적으로는 분열되어 있었고 선거운동에서 차베스에 맞설 만한 카리스마 있는 지도자도 없었다. 그럼에도 소환투표에서 당연히 승리할 것이라고 생각했다. 그들은 차베스 이후의 정부에 대해 토론했고, 터무니없는 여론조사 결과를 믿었다. 그러나 그들의 운동방식은 둔하고 활기가 없었다. 차베스 진영에는 열정적이고 헌신적인 지지자들이 넘쳐나는 반면에 반대파들에게는 그러한 지지자들이 없었다.

차베스의 압도적 승리

2004년 8월 15일, 차베스는 소환투표에서 엄청난 압승을 거뒀다. 차베스를 끌어내리기 위해 시도된 소환투표는 오히려 그에게 압도적인 승리를 가져다 주었다. 59.25퍼센트의 사람들이 차베스가 계속 대통령직을 수행하는 것을 지지했으며, 40.74퍼센트의 사람들이 차베스가 대통령직에서 물러나는 것을 지지했다.

반대파들은 즉각 사기라고 난리를 쳤지만 아무도 그러한 주장에 신경 쓰지 않았다. 오히려 지미 카터와 미주지역기구의 감시인들은 투표 결과를 공식 승인했다. 두 달 뒤, 시장과 주지사 선거에서 차베스 진영이 압승하면서, 소환투표의 승리가 단순히 우연이 아니라는 것이 더욱 확실해졌다. 10월 31일에 발표된 지방 선거 결과에서는 22개 주 중에서 20개 주에서 차베스 진영이 승리한 걸로 나타났다.

1999년에 대통령에 당선된 이래로 차베스는 전례 없이 확고한 위치를 차지하게 되었고, 강력하게 개혁 프로그램을 추진할 수 있게 되었다. 그는 신속하게 행동에 들어갔다. 라파엘 라미레즈Rafael Ramirez를 에너지광업 장관에 임명하여 석유와 광물 자원에 대한 정부의 통제를 강화하기 시작했고, 새로운 판사들을 임명해서 사법부를 개혁하고, 새로 선출된 지방자치 단체장들이 볼리바리안 혁명 프로그램을 잘 수행할 수 있도록 조치를 취했다. 언론 관련법을 제정해서 거짓말을 일삼고 혁명의 진정성을 헐뜯기만 하는 보수 언론들을 규제할 수 있는 민주적인 조치를 마련했다. 세 번의 어려운 시련을 돌파한 혁명은 가속도를 내게 된 것이다.

13

볼리바리안 서클, 혁명을 수호하는 민중조직

　'볼리바리안 서클'은 베네수엘라의 혁명 과정인 '볼리바리안 혁명'에서 아래로부터의 참여를 담보하는 중요한 조직이다. 혁명의 성공을 위해서는 대중들의 의식화와 조직화가 필수불가결이라고 할 때, 볼리바리안 서클은 그것을 수행하는 중요한 틀거리 역할을 하고 있는 것이다. 미국이 사주한 2002년 4월 11일의 쿠데타에서 볼리바리안 서클은 차베스 대통령을 다시 복귀시키는 데 큰 역할을 했다. 또한 자본가들과 그에 합세한 부패한 노조의 총파업에 맞선 대중적 저항을 성공적으로 조직했다.

　다음은 시카고에 있는 콜롬비아 연대위원회의 탐 버크Tom Burke 씨가 베네수엘라 볼리바리안 서클의 조정자coordinator인 닥터 로드리고 차베스Dr. Rodrigo Chavez를 인터뷰한 내용이다.

탐 버크(이하 버크) : 볼리바리안 서클은 어떤 조직입니까?

로드리고 차베스(이하 차베스) : 볼리바리안 서클은 베네수엘라의 민주적 과정에 민중이 참여할 수 있는 기초적인 형태입니다. 물론 볼리바리안 서클이 유일한 방식은 아닙니다. 주민조직들도 있고 협동조합도 있고 선주민운동 그룹도 있고 다양한 형태가 있습니다. 그렇지만 본질적인 차이가 있습니다. 이 차이는 혁명과 볼리바리안 헌법을 수호하는 입장에서 나타납니다. 주민조직들도 혁명과 헌법을 수호하지만 그들의 기초 강령에 그러한 내용을 담고 있지는 않습니다. 또한 볼리바리안 서클은 국제 문제에 대해서 전국적으로 개입하지만 주민조직들에게 이런 문제는 관심사가 아닙니다.

버크 : 볼리바리안 서클과 우고 차베스 정부와의 관계는 어떻습니까?

차베스 : 차베스는 민중들이 자신의 권리를 위해서 스스로 조직하고 투쟁할 것을 지속적으로 요청해왔습니다. 정당이라는 형태는 그 내부의 자리다툼 등의 문제 때문에 혁명 과정에서 민중의 참여를 보장하는 최선의 방식이 아닙니다. 이러한 문제의식 속에서 2000년에 차베스는 볼리바리안 서클을 조직할 것을 요청했고, 그 당시 부통령이었던 디오스다도 카벨로Diosdado Cabello에게 볼리바리안 서클이 혁명의 독립적 기초조직이 되도록 모든 지원을 제공할 권한을 주었습니다.

볼리바리안 서클이 대통령의 요청에 의해 세워졌기 때문에 관변단체로 생각하는 사람들도 있습니다. 하지만 볼리바리안 서클은 자발적인 조직이며 정부에게 아무런 재정 지원도 받지 않습니다. 볼리바리안 서클은 법인이 아니므로 정부에게 기금을 받을 수도 없습니다. 하지만 볼리바리안 서클은 사람들과 공동체들에게 대출기관에서 신용을 얻는 방법을 가르치고 사람들이 협동조합이나 단체, 비영리 법인 등을 구성하도록 도와줍니다.

버크 : 부시와 CIA의 지원을 받는 베네수엘라의 과두지배 세력들이 2002년 4월 11일에 우고 차베스 대통령을 몰아내려고 쿠데타를 일으켰습니다. 볼리바리안 서클은 이 쿠데타에 어떻게 대응했습니까?

차베스 : 볼리바리안 서클은 베네수엘라의 헌정을 다시 세우는 데 핵심적인 역할을 했습니다. 정부의 지도 없이, 정부 측의 어떤 사전 계획도 없이 즉각적인 대중투쟁이 일어났습니다. 볼리바리안 서클은 혁명 과정을 수호해야 한다는 확고한 신념을 가지고 자신들의 조직력을 통해서 국가의 다양한 부분들을 통제해 나가기 시작했습니다. 헌법을 지지하는 군부와 함께 쿠데타를 역전시켰고 차베스 대통령을 48시간 안에 복귀시키는 역사상 유래 없는 상황을 만들어냈습니다.

버크 : 볼리바리안 서클은 최근(2002년 12월)에 있었던 자본가와 부패한 노조의 반정부 총파업에 어떻게 대응했습니까?

차베스 : 볼리바리안 서클은 석유회사들이 파업했던 이 시기에 석유산업 시설을 방어했습니다. 무상으로 노동력을 제공하고 예전에 석유산업에서 일했던 사람들과 연락을 취했습니다. 사실 많은 석유산업 노동자들이 볼리바리안 서클의 회원이었고 그들은 석유산업을 복구하는 데 많은 도움을 주었습니다.

버크 : 볼리바리안 서클은 노조와 함께 합니까?

차베스 : 볼리바리안 서클 멤버들의 많은 수가 노동조합 간부이거나 조합원들입니다. 볼리바리안 서클 안에서 노동조합 조합원들과 지역공동체 구성원들 사이의 통합이 이루어집니다. 실제로 노동운동과 민중운동을 하나로 만드는 것입니다. 물론 볼리바리안 서클은 노동자들의 투쟁과 더 나은 교육을 위한 지역공동체의 투쟁 사이의 차이점을 잘 인식하고 있습니다. 그러나 서로 다른 영역의 운동들 간에 차이점보다는 공통점이 많다는 것도 인식하고 있습니다. 노동운동과 지역공동체 운동의 투쟁과 요구를 통합하는 것은 새로운 노동운동을 형성하려는 현재의 흐름에서 핵심적인 요소입니다. 그래서 국가의 중요한 노동조합들이 어용노조인 CTV를 포기하고 대안 노조인 UNT를 건설하는 데 적극적이었습니다.

버크 : 당신이 베네수엘라 민중의 자기결정권을 위한 투쟁과 조직을 위해 노력하는 이유는 뭔가요? 왜 볼리바리안 서클에 집중합니까?

차베스 : 내과의사인 저는 베네수엘라에서 의료가 단지 질병을 치료하는 것으로만 인식되는 것에 항상 걱정했습니다. 저는 전체적인 관점에서 접근해야 한다고 생각했습니다. 의료에서 교육과 예방이 중요하다고 생각했죠. 하지만 저는 그런 주장을 해오면서 의료 문제도 결국은 사회적 문제의 한 표현이며 결국 민중들 자신이 스스로 문제를 풀어야 한다고 확신하게 되었습니다. 이러한 판단 속에서 볼리바리안 서클을 하게 됐습니다.

버크 : 볼리바리안 운동의 목적은 무엇인가요? 사회주의인가요? 남미 통합인가요?

차베스 : 볼리바리안 운동의 목적은 사회경제적으로 정의로운 사회와 민중들의 실질적인 정치적 참여가 보장되는 사회를 건설하려는 혁명적 과정을 수호하는 것입니다. 민중들의 실질적인 정치 참여가 보장돼야 한다는 점이 특히 중요합니다. 민중들이 중간매개 없이 대의체계 없이 자신의 발전 계획을 직접 짜고 감독하고 실행할 수 있어야 합니다.

볼리바리안 서클을 통해서, 그리고 주민조직들이나 협동조합 등을 통해서 민중들은 관료들 앞에서 자기 자신을 표현할 수 있습니다. 시민의회는 헌법이 부여한 권리입니다. 헌법의 166조와 192조는 지역공동체가 지방정부의 예산을 짜거나 집행하는 데 참여하는 것을 시장이나 도지사가 허용해야 한다고 명시하고 있습니다.

당신은 이런 것을 뭐라고 부릅니까? 사회주의? 공산주의? 포퓰리즘? 당신이 뭐라 불러도 상관없습니다. 그러한 과정이 잘 이루어지는 한 이름은 아무래도 상관없습니다. 우리는 그것을 볼리바리안 사상이라고 부르며 참여 민주주의라고 부릅니다.

민중들과 함께 꾸는 꿈

차베스는 원주민과 아프리카 인의 혼혈이다. 차베스는 자신이 원주민의 혈통이라는 것을 자랑스럽게 여기고 있다. 사실 중남미의 역사는 원주민의 고통의 역사라고 해도 과언이 아니다. 일전에 스페인 제국주의는 중남미를 식민지로 만들기 위해 엄청난 사람을 죽이고 지역을 황폐화했다. 이러한 이유로 원주민의 역사는 투쟁의 역사이며 민중이 각성해 나가는 혁명의 역사라고도 할 수 있다. 차베스는 이러한 사실을 군인이 되고나서 깨닫게 되었다.

"나는 고등학교 때 야구에만 관심이 있었습니다. 메이저리그에서 투수가 되거나 마가야네스 팀에서 뛰는 것에 관심이 있었습니다. 나는 프로야구 선수가 되는 것이 꿈이었습니다. 나는 군인이 되려고 사관학교에 들어간 것이 아닙니다. 군인이 되는 것이 수도 카라카스에 갈 수 있는 유일한 방법이었기 때문입니다. 우리 집은 매우 가난했고, 아버지는 카라카스에서의 학비를 댈 능력이 없었습니다. 그래서 나는 고등학교를 마치고 사관학교에 들어갔습니다. 거기서 1년만 있다가 야구를 하러 떠날 생각이었습니다."

차베스는 사관학교에서 역사에 대해 공부하면서 의식이 깨어나기 시작했다. 다양한 책을 읽고 고민하면서 의식은 더욱 확고해졌고, 군인으로서의 자신의 삶과 충돌을 빚게 되었다. 예를 들어서, 행진을 하면서 콜롬버스 동상에 경례를 한다는 사실을 그는 도저히 받아들일 수 없었다. 침략자의 우두머리에게 경의를 표한다는 사실이 그를 매우 화나게 만든 것이다. 그가 혁명에 성공한 후에 베네수엘라 군대는 원주민 저항군 지도자인 과이카이푸로에게 경의를 표하고 있다.

베네수엘라는 소수의 권력과 부를 독점한 사람들의 땅이었다. 베네수엘라는 세계적으로 미인, 석유, 과소비 등으로 유명했지만 이것은 지배계층 소수에 국한된 것일 뿐이며, 대다수의 민중들은 착취와 수탈 속에 신음하고 기만당하며 살아왔다. 그러나 이제는 베네수엘라 민중들이 세상에 대해 제대로 깨닫고 하나의 공통된 변혁 과정(볼리바리안 혁명)에 단결해서 참여하고 있다. 민중이 사회의 주인으로 나서고 있는 것이다. 차베스는 이러한 변화를 다음과 같이 설명하고 있다.

"2002년 말부터 2003년 초반에 걸쳐 한창 우리가 '석유 테러'라고 불렀던 석유파업이 있었을 때, 베네수엘라의 기득권층과 그들의 국제 동맹세력(미 제국주의)이 석유 정제소들을 파괴하고, 수백만 리터의 우유를 버리고, 가축들을 죽였습니다. 그래서 먹을 것이 없었습니다. 그들의 계획은 사회 붕괴, 혼란 등을 야기하는 것이었습니다. 우리는 다방면으로 엄청난 노력을 했지만 석유도 없고 천연가스도 없고 음식물도 거의 없었습니다. 나는 피델이 우리에게 콩을 가득 실은 배를 보내주면서 전화로 '나중에 여건이 되면 갚아라'라고 말한 것을 기억합니다. 다른 물품들은 브라질에서 왔습니다. 우리는 콜롬비아로부터 우유, 고기, 석유들을 구입할 수 있었습니다. 그 당시 사람들은 몇 리터의 연료를 사기 위해 사흘 나흘을 기다리기도 했습니다.

그 힘든 어느 날 오후에 나는 몇몇 동지들에게 저 산골마을에서 무슨 일이 일어나는지 직접 보고 싶다고 말했습니다. 그래서 우리들은 산골마을로 갔습니다. 거리는 분주했습니다. 사람들은 쌀, 바나나 등을 찾아다니고 있었습니다. 우리가 근처를 다닐 때 사람들이 우리에게 인사하기 시작했습니다. 나는 그들에게 상황이 어떠냐고 물어보았습니다. 그러던 중 강한 인상의 흑인 할머니가 내 손을 꼭 잡고 끌어당기면서 자신의 집으로 초대했습니다. 우리가 집에 들어갔을 때 그들은 장작 위에 냄비를 올려놓고 쌀, 감자, 파초 등을 요리하고 있었습니다. 노인은 나의 눈을 지그시 보더니 양복저고리를 잡고 말했습니다.

'차베스, 내 집에는 의자가 남아 있지 않아요. 당신이 보고 있는 저 장작이 침대 다리에요. 우리는 가구, 지붕을 뜯어서 불을 피울 겁니다. 우리는 문도 떼어낼지 모르겠군요. 그렇게 해서 요리를 할 거에요. 하지만 절대 물러서지 마세요, 차베스.'

우리가 이 나라에서 무엇을 하려는지 알고 있는 300만 명의 사람들이 노인과 같은 신념을 가지고 있습니다."

이제 베네수엘라 민중들은 이전에 볼리바르가 꾸었던 꿈, 모두 단결해서 하나의 국가를 만드는 꿈을 꾸고 있다. 라틴아메리카를 하나로 통합해서 제국주의에 맞서고 완전한 해방을 쟁취하는 꿈 말이다. 이 과정은 매우 어렵겠지만 종국에는 성공할 것이다. 쿠바 민중, 베네수엘라 민중, 볼리비아 민중, 브라질 민중 등 모든 민중이 우리는 하나라는 자각을 가지고 제국주의에 맞서서 일어나고 있기 때문이다.

Chavez &
The Bolivarian Revolution

가난을 끝장내기 위해

차베스 대통령 임기 초기에 250명의 쿠바 의사 그리고 간호사들이 베네수엘라에서 봉사하고 있었다.
그 당시 베네수엘라 보건부는 베네수엘라 의사들에게 월급 600달러와 함께 빈민 거주 지역에서
무료로 의료 혜택을 줄 것을 호소했으나 극소수의 베네수엘라 의사들만이 참가했다.
반면 여러 나라에서 국제 자원봉사를 경험한 쿠바 의사들이 2003년 3월부터 베네수엘라에
들어오기 시작했다. 쿠바 의사들은 정부로부터 한 달 생활비로 250달러를 받고 빈민가에 살면서
병원이나 그 밖의 의료 시설을 운영한다. 그들은 또한 쿠바가 기부한 약품을 무료로 제공한다.
쿠바 의사들은 아침에 환자를 치료하고 오후에 가까운 지역을 방문하며
그 지역 주민들에게 예방의학에 대한 지식을 알려준다.

14

신자유주의,
민중을 벼랑끝으로 몰다

1958년부터 페레스 대통령의 첫 번째 집권 시기(1973~1978)까지 베네수엘라는 석유에서 나오는 수입과 국가가 주도하는 분배 정책으로 안정적인 성장을 지속했다. 공공부문에서 고용이 창출되고 평균 3퍼센트도 안 되는 낮은 물가상승률은 국민의 실질소득을 증가시켰다. 1973년 이후 OPEC의 감산 정책과 중동사태 등을 통해 유가가 열 배나 오르면서 베네수엘라는 급격히 발전했고 1976년에는 석유산업을 국유화하여 중앙정부의 세수입이 170퍼센트나 증가했다.

오일 달러 붐과 국제적으로 자금의 차입이 쉬운 조건 속에서 정부는 엄청난 팽창 정책을 펼쳤다. 고용은 확대되고 정부 보조금은 늘어났다. 최저임금제, 그리고 노사정위원회에서 인가하지 않은 해고일 경우 두 배의 퇴직금을 지급하는 제도가 도입됐다. 공공지출은 1973년에서 1978년까지 96.9퍼센트 증가해서 고용이 창출되고

질 좋은 공공서비스가 제공됐다. 이것은 빈곤층의 감소로 이어져, 1978년에는 빈곤층이 전체 인구의 10퍼센트 정도였고 극빈층은 2퍼센트 정도에 불과했다. 많은 노동자들이 자신을 중산층으로 여겼으며, 민주행동당, 기독사회당 등의 정당들이 대중적인 지지를 얻었다.

특히 민주행동당의 지도 아래 있는 CTV(베네수엘라 노동자 총연맹)가 그러했는데, 노동자 계급의 대변자로서 국가로부터 특권을 부여받고 세력을 늘렸다. 다른 남미국가에서는 노동자계급의 이익과 중간계급의 이익이 상충됐지만, 당시 베네수엘라에서는 그렇지 않았다. 석유 수입으로 대량의 보조금, 낮은 세금, 좋은 복지 제도 등이 가능했기 때문이다. 석유 수익뿐 아니라 관세 보호와 싼 이자로 인한 저렴한 자금조달 비용, 수입대체화 정책 등을 통해서 국가의 부를 늘려나갔다.

그러나 1980년 이후, 유가는 지속적으로 하락하고 해외 차입비용이 증가하여 경제 상황은 어려워졌다. 이에 대응하기 위해 정부는 미국식 신자유주의 경제 정책을 내놓았는데 이러한 정책은 부익부 빈익빈이 극심해지는 사회양극화로 이어지게 되었다. 이런 상황에서 정부가 무기력하게 대응하면서, 1982년 말에는 80억 달러의 돈이 해외로 빠져나갔다. 정부는 국내 통화를 유지하기 위해 국영석유회사들이 보유한 외환을 팔아치우도록 했다.

1983년에는 1달러당 7볼리바르 화의 고정환율 제도를 실시했다. 1970년대에는 1달러당 4.3볼리바르였으니 화폐가치가 엄청나게 떨어진 것이다. 결과적으로 부채 상환에도 무거운 짐이 되었다. 이런 외환관리 제도는 당시 널리 퍼진 부정부패와 관련이 있었는데, 부패한 정당 세력들과 유착한 고객들이 싼 달러를 얻도록(그 규모가 110억 달러에 달했다) 정치적 재량권을 사용한 것이었다. 이러한 부정부패가 계속되면서 사회는 가진 자와 못가진 자로 양극화되었고 서민들은 자신들이 부유한 자들로부터 수탈당하고 있다고 생각하게 되었다.

이러한 환율 제도를 시행한 6년 동안 노동자들의 실질임금은 20퍼센트 하락했다. 고정자본투자와 공공지출이 붕괴되어 1983년에는 실업률이 두 배로 증가했다. 비공식부문informal economy에 종사하는 노동자들이 늘어났고 빈곤층이 증가했다. 기존의 복지 시스템은 사회안전망의 역할을 제대로 하지 못했다. 비공식부문 노동자들이 늘어나면서 푼토 피호 시스템에서 공식부문 노동자들을 대변하는 CTV는 대다수의 노동자들과 분리되어갔다. 사회경제적 위기가 심화됨에도 불구하고, 정부는 예기치 않은 유가 상승에 외부로부터의 차입, 화폐 평가절하 등의 단기부양 정책으로 일관했다. 결국 1989년 페레스 대통령의 두 번째 임기 때에는 외환보유고가 거의 바닥났다.

베네수엘라 정부는 경제 위기를 해결하는 데 무능했고 민중들의 삶은 더욱 피폐해졌으며, 이는 민주행동당, 기독사회당, CTV 등의 몰락으로 이어졌다. 기존의 정당들은 사회의 모든 계급에게 이익을 분배할 능력이 없는 것으로 판명됐다. 이러한 위기 속에서 급진주의당Causa R이 노동자 계급의 대변자로 등장하고 다른 한편에서는 보수적인 로비 단체와 싱크탱크들이 신자유주의 정책을 제안했다.

새로 부상하는 민간부문 조직들 사이에서도 이런 계급적 차별성은 명백히 드러났다. 공공부문 공급의 붕괴로 인해 결집된 주민운동은 중상층 계급에서는 일정 정도의 자치와 생활개선 효과를 달성했는데 그들이 주로 쓰레기 수거와 사설 경비에 관심을 가진 반면, 예수회 성직자들이 주도한 빈민가에서의 사회운동 조직은 식량배분, 신체의 안전, 초등교육 등의 문제를 다루면서 성장했다.

교육 기회의 차별 또한 명백했다. 1980년대 중반 빈곤층은 전 인구의 40퍼센트를 차지했지만 고등교육을 받은 학생 중 빈곤층 출신은 4퍼센트에 지나지 않았다. 이런 사회양극화 때문에 법과 질서가 붕괴되고 범죄가 증가했으며 가진 자들은 자신의 재산을 보호하는 데 주력하여 사설 경비업체들이 성장했다.

1988년 대선에서 베네수엘라 사람들은 신자유주의 정책에 반대하는 의미에서 페레스 대통령을 지지했다. 그러나 그는 취임한 지 몇 주 지나지 않아 IMF와 합의하면서 신자유주의를 받아들였다(전기충격요법). 정부는 광범위한 국가경제 기반시설의 민영화를 최우선 과제로 했으며, PDVSA까지 사적 자본에 열어젖혔다. 공공지출이 삭감되고 가격·이자·환율의 자유화가 이루어졌다.

이러한 경제 정책 결과, 해외에서의 수입을 감소시키는 데는 성공했지만, 투자가 감소하고 일자리가 줄어들고 소비가 위축되었다. 경제가 8.6퍼센트 축소되고 1988년에 43.9퍼센트였던 빈곤층이 1989년에는 66.5퍼센트로 증가했다. 같은 기간에 극빈층은 13.9퍼센트에서 29.6퍼센트로 증가했다. 1991년 걸프전에 따른 유가 상승과 새로 육성된 산업부문에서의 성과로 1991년부터 1993년까지 각각 6.5퍼센트, 9.7퍼센트, 6.1퍼센트의 경제성장이 있었다. 그렇지만 GDP 지수의 성장이 빈곤문제를 해결하지는 못했다. 빈곤층은 1991년 한 해 동안 약간 감소했으나 지속적으로 증가했으며 극빈층은 더욱 빨리 증가했다.

베네수엘라 사람들이 신자유주의를 거부하는 것은 당연한 일이었다. 정부는 우선 경제가 성장하면 그에 따라 서민들에게 이익에 돌아간다고 말했지만 그런 주장은 거짓말이었다. 실업자는 늘어나고 중소기업들은 망해가고 있었다. 걸프전으로 유가가 올라서 소비는 늘어났지만 이는 대부분 해외수입 증가로 이어지고 내수로는 이어지지 않았다. 인플레이션은 계속되어 1990년부터 1993년까지 물가가 평균 36퍼센트 올랐으며, 국내 제조업체들은 높은 수입 비용을 소비자들에게 전가했다. 정부의 경제 정책은 비공식부문 종사자들이 석유산업 이외의 새로운 경제 부문으로 이입될 것이라는 가정하에 진행됐으나 베네수엘라에서는 지난 20년간 교육 예산이 감소되어 교육 수준이 저하되어 있었기 때문에 이러한 가정이 실현될수 없었다.

페레스 정부는 신자유주의적 법안들에 대한 정치권의 지지를 얻는 데도 실패했다. 재계도 신자유주의에 대한 찬성과 반대로 나뉘었다. 민주행동당의 지도를 받는 CTV 역시 노동자들의 이익을 제대로 대변하지 못했다. 지방분권화와 선거 제도의 개혁으로 정치 지형은 다변화되었지만, 오히려 정당 내부의 갈등이 심화되고, 의회에서는 정당들 간의 뒷거래만이 이루어졌다. 지방정부 차원에서 의미 있는 시도들이 있었지만, 빈곤층의 증가를 막을 수는 없었다. 결과적으로, 시스템은 개혁되었지만 별다른 성과가 없었다. 대중의 중요한 관심사는 정치적 상황보다는 경제적 상황이기 때문이었다.

대중들은 페레스의 신자유주의 프로그램에 반대하는 새로운 정치조직들에게 지지를 보내게 되었다. 1992년 차베스가 일으킨 쿠데타 이후 라파엘 칼데라는 신자유주의 정책을 비판하며 국가가 경제에 개입해야 한다고 이야기했다. 1993년 선거에서 급진주의당은 노동자계급과 도시빈민층의 강력한 지지를 받았다. 부자들이 가난한 사람들의 희생으로 부를 누린다는 급진주의당의 주장에 부정부패와 신자유주의 정책으로 피해를 입는 사람들은 깊이 공감했다. 급진주의당은 IMF 및 국제투자가들이 국가의 이익을 침해하는 데 반대하는 여러 개혁 정책들을 제시했다. 반면에 민주행동당과 기독사회당은 계속 우경화되었다.

1993년 선거에서 유권자들은 좌파인 급진주의당과 수구보수 세력인 민주행동당, 기독사회당의 중간에 있는 칼데라를 지지했다. 투표 기권율은 역대 최고인 39퍼센트에 달했다. 칼데라는 그의 전임자들처럼 IMF와 타협하지 않겠다고 약속했다. 그러나 칼데라 역시도 신자유주의 정책으로 옮겨가는 데 그리 오래 걸리지 않았다

1994년 칼데라가 취임하기 직전에 은행 공황이 일어났다. 정부는 이를 해결하기 위해 1994년 한 해 GDP의 12퍼센트에 이르는 자금을 사용했다. 은행부문의 공황이 대규모의 자본 도피를 촉발했고, 정부는 외환보유고를 유지하기 위해 화폐를 평가절하했다. 1994년의 물가상승률은 70.8퍼센트에 달했다. 공공지출의 삭감으로 1994년 말에는 공식적인 실업률이 8.5퍼센트에 달하고 의회보고서에 따르면 79퍼센트의 가정이 빈곤층이었다. 칼데라는 1995년에 14억 달러의 IMF 구제금융을 받으면서 신자유주의 프로그램 실행을 선언했다.

신자유주의 정책인 '베네수엘라 아젠다'는 1996년 4월에 실행됐는데, 1994년에 도입된 가격과 환율에 대한 통제 정책을 없애는 내

용이다. 그 결과 볼리바르 화는 1달러당 290볼리바르의 비율로 폭락했고, 가격 통제의 폐지는 엄청난 물가상승을 일으켜서 1996년에만 103.2퍼센트의 물가상승을 기록했다. 소비는 붕괴되고, 빈곤층은 지속적으로 늘어서 1996년 말에는 국민의 85퍼센트가 빈곤층이며 65퍼센트는 극빈층이 되었다.

칼데라 정부는 베네수엘라 아젠다를 실행하면서 페레스 정부의 경제다각화 정책을 거부하고 석유 수출을 증가시켜 경기를 일으키는 정책으로 전환한다. PDVSA는 OPEC의 쿼터량을 어기면서 수출량을 증가시킨다. 이어서, 1995년에는 개인 투자자들에게 이제까지 제한됐던 석유산업의 특정 부분 운영권을 매각할 수 있도록 하는 법안을 제정한다. 이것은 외국인 투자 붐을 일으켰고 1997년에 55억 달러가 유입되었다. 외국 자금의 유입이 유가 상승과 맞물리고 경제가 살아나자 정부는 IMF 차관 2차분을 받지 않기로 결정했다. 그리고 다시 경기팽창 정책으로 전환했다. 급진주의당은 개방 정책에서 국내 자본을 배제하면 경제의 다른 부분과의 연계성을 이루기 어려우며 이는 국가의 이익을 팔아먹고 다국적기업의 배만 불려주는 행위라며 이 정책을 강력히 반대했다.

외국인 투자와 유가 상승으로 1997년에 경제가 5.9퍼센트 성장했지만, 빈곤층의 증가와 사회기반시설의 약화를 막을 수 없었다. 게다가 원유를 초과 생산하면서 국제 유가의 하락 경향과 함께 유가 하락을 부채질했다. 1997년에서 1998년 사이에 유가는 배럴당 10.57달러로 6달러 하락했으며, 정부는 1998년 예산에서 평균 유가를 5달러 아래로 반영했다. 이러한 폭락은 1999년까지 계속됐고, 결국 정부는 전략을 수정할 수밖에 없었다. 베네수엘라는 OPEC가 제안한 감산에 동의했다. 그러나 이러한 감산 정책은 효과가 별로 크지 않았고 칼데라 정부는 결국 1998년 선거 전에 60억 달러에 달하는 예산을 삭감했다.

칼데라에 대한 지지는 줄어들었고 1994년 여론조사에서 카라카스의 부유한 구역의 시장인 이레네 사에즈Irene Saez에게 뒤지기도 했다. 급진주의당도 내부 갈등과 푼토 피요 체제로의 편입 여부를 놓고 신뢰를 잃어갔다. 이처럼 민주행동당과 기독사회당의 대안으로 나선 '정당'이 기울어가면서 구태의연한 정당 정치에 반대하는 세력이 더욱 힘을 얻었다.

한편 이전 정부들의 민영화 정책의 연장선상에서, 칼데라는 국영전화회사, CANTV, 철강회사, 전기회사, 알루미늄 회사 등등을 매각하는 데 앞장섰다. 금융회사들도 민영화되어 1997년에는 외국 금융기업들이 베네수엘라 은행의 41퍼센트를 통제하게 됐다. CTV는 이런 민영화 정책에 거의 저항하지 않았다. CTV는 1997년 노동법이 개악되는 것을 용인한 당사자였다. 이 노동법 개악으로 노동자들의 퇴직금 제도는 노동자에게 불리하게 바뀌었고 공공기금과 사적기금들의 참여에 기반한 사회안전 시스템이 민영화되는 기초가 마련되었다. 차베스를 포함한 이 법안의 반대 측은 CTV의 행위를 노동자계급에 대한 배신으로 보았다. 게다가 개정된 법률에는 비공식부문의 노동자들을 고려하는 조항은 아무것도 없었다.

15

차베스 정부의 복지 정책

다음 내용은 2003년 말까지 진행된 내용을 주로 담고 있으며, 차베스 정부는 현재까지 다양한 복지 정책을 실행하여 민중들의 큰 지지를 받고 있다.

볼리바르 계획 2000

차베스는 1998년 말 당선되자 세 가지의 기본 공약을 내걸었다. 첫째는 베네수엘라의 오래된 정치 제도, 즉 기독사회당과 민주행동당이 양당 간의 나눠먹기를 통해 베네수엘라 정치 구조를 제약하는 푼토 피호 체제를 청산할 것, 둘째는 부패를 끝장낼 것, 셋째는 베네수엘라의 빈곤 해결이었다. 차베스의 집권 첫해인 1999년에는 제헌의회를 소집하여 푼토 피요 체제를 청산하는 데 주력했다.

이때는 베네수엘라를 강타한 불황으로 사회복지 정책에 쓰일 가용자원이 거의 없었다. 그래서 그는 상대적으로 세금은 많이 투여되지만 사회복지에 별 기여를 하지 못하는 기관에 눈을 돌렸다. 바로 군대였다. 그는 중심 병력을 제외한 모든 부대로 하여금 빈민을 도울 수 있는 프로그램을 생산해 내도록 명령했다. 이 시민-군대 프로그램이 바로 볼리바르 계획 2000 Plan Bolivar 2000이다. 베네수엘라 군대의 각 부대는 이 거대한 프로그램 아래 다양한 계획을 세워나갔다.

공군은 급히 국내 여행을 해야 하지만 그럴 만한 돈이 없는 사람들을 무료로 운송하는 계획을 세웠다. 해군은 페스카(고기잡이) 계획 2000Plan Pescar 2000을 세워 냉장고 등 가전기기 수리, 협동조합 결성, 교육과정 이수 등에 도움을 주었다. 국가수비대는 경찰업무를 수행했는데, 특히 정부의 영향력이 미미한 지역에서 활동했다. 국가수비대는 또 다른 프로그램인 아비스파 계획Plan Avispa도 진행했는데 빈민층에게 집을 지어주는 프로그램이었다. 레비바 계획 Plan Reviba을 통해서는 낡은 집을 새로 지어주는 작업을 진행했다. 그 밖에도 볼리바르 계획 2000에는 국가의 여러 지역에 음식물을 제공하는 계획도 있었다.

볼리바르 계획 2000이 시행된 1999년부터 2001년에 이르는 3년 동안 많은 논쟁거리가 생겨났다. 가장 큰 문제는 프로그램이 잘 관리되지 못하고 투명성을 확보하지 못한 점을 들 수 있다. 분명, 프로그램의 상당수는 임시방편적인 성격을 지녔으며 정부 관리와 군대는 짧은 기간 동안에 문제를 해결하는 데 주력했다. 그러나 볼리바르 계획 2000을 통해 수천 개의 학교, 병원, 보건소, 집, 교회, 공원이 재정비되었다. 200만 명 이상의 사람이 의료혜택을 받았고 거의 1000여 개의 공설시장이 문을 열었으며, 200만 명의 아이들이 예방주사를 맞았고 수천 톤의 쓰레기가 수거되었다.

베네수엘라 경제가 매우 어려웠던 1999년에는 동원할 수 있는 자원이 매우 부족했다. 또한 연말에는 대홍수가 일어나 1만여 명의 사람들이 산사태로 죽고 수십만 명의 사람들이 집을 잃었으며 거의 40억 달러로 추산되는 재산 손해를 입었다.

국가를 재구성하는 데 초점을 두고 시작한 볼리바르 계획 2000에는 여러 가지 난관과 재원 부족 때문에 문제점도 많았지만 베네수엘라 빈민들에게 중요하고 긍정적인 효과를 미쳤다.

미션 차베스Mission Chavez

차베스 정부는 보수반동 세력의 국가전복 쿠데타 시도, 자본가들과 결탁한 어용노조들의 정권퇴진 총파업 등의 위기를 극복해 나가면서 자신감을 가지게 되었다. 2001년 49개 개혁법안에 명시된 내용들이 진행됨과 더불어, 가난을 끝장내기 위해서 펼쳐지는 다양한 형태의 미션Mission들이 시작된다. 이러한 정책들이 가능해진 것은 차베스 정부가 몇 번의 위기를 극복해 나가면서 국영석유회사 PDVSA에 대한 통제권을 확실하게 장악했기 때문이다. 볼리바리안 헌법이 혁명을 위한 제도적 개혁이었다면, PDVSA의 진정한 국유화는 혁명의 물적 토대를 마련하는 것이었다.

농촌 토지개혁
베네수엘라의 농촌 토지개혁 프로그램은 차베스 집권기를 평가

할 때 빼놓을 수 없는 것 중 하나다. 이는 2001년 11월, 49개 개혁법안 통과 당시 심한 저항을 받은 법안 중 하나였다. 이 법안은 기본적으로 베네수엘라의 모든 성인은 일정한 요건을 갖추면 가구당 일정 토지를 분배받을 권리를 지닌다는 내용이다. 이러한 토지 분배는 국가 소유 토지에서부터 시작했는데, 당시 국가 소유 토지는 거대한 규모였고 베네수엘라의 경작 가능한 토지의 대부분을 차지했다.

또한 법안은 사적 소유 토지라도 기름진 땅 100헥타르 또는 척박한 땅 5000헥타르를 넘어선다면 분배 대상이 될 가능성을 열어두고 있다. 그러나 토지는 시장가격으로 매입했기 때문에 이러한 베네수엘라 토지개혁은 세계 토지개혁사에서 볼 때 급진적인 편은 아니었다.

토지개혁 프로그램이 시행되려면 우선 적절한 기본시설이 갖추어져야 했기 때문에 시행 속도는 더뎠다. 2002년에는 토지 배분이 거의 되지 않았지만 다음 해에는 속도를 높여 150만 헥타르의 토지가 13만 가구에게 분배되었다. 이는 평균 한 가구당 11.5헥타르를 받은 셈이며 총 수혜 인구는 65만 명에 달한다. 이 시기까지는 개인 소유의 토지는 몰수되지 않았다. 한편, 국가와 대토지 소유자 사이에는 많은 분쟁이 생겼다. 대토지 소유자가 명백한 증거도 없이 토지가 자신의 소유라고 우겨대는 경우가 많았기 때문이다.

토지개혁은 영향을 미치는 범위가 매우 넓다. 땅을 얻은 새로운 경작자들이 경작기술, 자금대출, 기계, 판매 루트 등을 갖추도록 하는 문제도 관련되어 있다. 이를 해결하기 위해서 국가토지기구INTI라는 기관을 새로 세워서 자금대출을 도와주고 기술 훈련을 시키며 토지개혁의 수혜자들이 생산한 농산품 판매를 도와주도록 하고 있다.

전체적으로 볼 때, 농촌 토지개혁 프로그램은 장단기적 목표를 모두 가지고 있다. 장기적으로는, 이 프로그램을 통해 석유에 한정된 베네수엘라 경제의 다각화를 꾀하고 일종의 '식량 주권'을 달성하여 자체의 농산품 수요를 충족시킬 수 있는 능력을 갖추려 한다 (베네수엘라는 차베스 정권 이전에 60퍼센트의 식량을 수입했다). 그리고 단기적으로는 농촌 빈곤을 감소시켜 시골에서 도시빈민 지역으로의 이주를 억제한다.

도시 토지개혁

차베스 정부의 중요한 복지 정책 중 하나는 도시 토지개혁이다. 그 골자는 빈민가의 토지를 재분배하여 빈민들에게 나누어 주는 데 있다. 이러한 도시 토지개혁은 중남미의 다른 나라에서 진행됐던 방식과 비슷하지만, 베네수엘라의 방식은 흥미로운 측면도 있다.

도시 토지 재분배 계획은 여러 가지 경우를 다루고 있다. 첫째, 사람들이 빈민가에 자신이 직접 집을 짓고 정부에 등록할 때 그들은 그 집이 자신의 것이며 원토지 소유자에게 회수되지 않을 것임을 보장받는다. 둘째, 그들은 집을 작은 담보물로 하여 자금을 빌려서 주거를 개선하고 더 나은 집을 구매하거나 소규모 사업에 투자할 수 있다. 셋째, 적절한 규제 아래 지역사회의 삶의 질을 높일 수 있다는 조건에서, 부동산 시장을 열 수 있다. 넷째, 개인이 도시 토지 소유증서를 취득하는 과정은 지역주민들과 함께 하는 집단적 과정이며, 지역 거주민들이 함께 노력하여 도로, 편의시설, 치안, 안락함 등의 기반시설을 만들어 나가는 식으로 진행된다.

취득 과정의 집단적 성격을 강조한 마지막 내용은 정부의 도시 토지 재분배 프로그램에서 가장 혁신적인 부분이다. 즉, 토지를 취득하기 위해 지역에 사는 100~200개의 가구들이 모여 토지위원회를 구성하고 정부기관과 연계하여 위원회에 부여된 토지 소유권을 행사한다. 이렇게 토지위원회를 통해 집단적으로 논의해 나가는 과정에서 단순히 토지 소유권을 협상하고 취득하는 일뿐 아니라 다양한 일들에 대해 지역공동체가 함께 대응하는 긍정적인 현상이 일어난다.

토지위원회는 또한 수도공사, 전기공사 등의 공공편의시설을 제공하는 기관들과 협상할 수 있도록 산하 위원회를 구성한다. 토지위원회를 통해서 지역주민들은 처음으로 이러한 기관들과 직접적으로 협상할 수 있게 되었다. 이전에는 공공편의시설을 제공하는 기관들이 지역정부의 관료들과 협상해야 했는데, 관료들은 지역주민들의 문제에는 그다지 관심이 없었다.

초기의 도시 토지개혁 과정은 정부 관할 토지에 기초하고 있었다. 이는 단지 국가 소유의 토지만이 재분배 가능함을 의미했다. 관련 법안이 개정된 이후에 모든 빈민 지역 거주자들은 이러한 계획의 대상이 되었지만, 법을 제정하는 데 주력하다보니 새로 바뀐 법의 시행은 상대적으로 유보되었다. 빈민가 거주민 중 3분의 1 정도만이 토지를 얻었는데 이는 법안이 정부 소유 토지 거주민에만 해당되었기 때문이다. 다른 3분의 1은 사유 토지에 살고 있으며 나머지는 소유권이 불명확한 곳에서 살고 있다.

이 과정에 소요되는 기술적·법적 절차가 많았기 때문에 토지 취득은 다소 느리고 복잡하다. 2003년 11월 현재, 베네수엘라 전역에서 4만 5000가구(통산 22만 5000여 명)가 집을 등록했고 6만 5000가구(33만 명)가 허가를 받을 예정이다.

사회경제

차베스 정부의 사회경제 프로젝트는 가난 퇴치 프로그램 이상의 의미를 지니며 볼리바리안 프로젝트의 중심요소에 속한다. 다시 말하면, 사회경제 프로젝트는 빈곤 퇴치라는 목적뿐 아니라 동시에 더욱 평등하고 민주적이며 연대의 정신에 기반한 사회를 건설하려는 목적을 갖고 있다. 정부의 사회경제 개발부 홈페이지에는 다음의 일곱 가지 요소로 사회경제를 표현하고 있다.

- 사회경제는 대안적인 경제다.
- 민주적이며 자주적인 방식으로 운영된다.
- 단순히 돈벌이가 아닌 협력에 기초해서 사업을 진행한다.
- 생산수단은 공동의 소유로 한다.
- 잉여소득은 평등하게 분배한다.
- 개발은 환경친화적이어야 한다.
- 경제와 정치권력에 대해 독자적으로 운영된다.

일반적으로 차베스 정부의 사회경제 프로젝트는 협동조합과 소액금융으로 압축된다. 소액금융 사업은 다양한 방면에서 방글라데시의 그라멘Grameen 은행의 모델에 기초하고 있으며, 몇 가지 다른 제도적 기반을 가지고 있다. 무엇보다도, 방코 드 라 무헬Banco de la Mujer(여성은행), 반데스Bandes(경제사회 개발은행), 반포안데스Banfoandes(안데스 지역 개발은행), 방코 델 푸에블로Banco del Pueblo(민중은행)와 같은 다양한 은행들이 소액금융 사업을 지원하고 있다.

또한, 소액금융 개발기금이나 사회경제 개발부 같은 기관들이 존재하며, 기존의 은행들이 그들의 대출금 중 일정한 비율을 소액금융에 지원하도록 하는 은행법을 마련해 놓았다. 2001년과 2003년 사이 거의 5000만 달러의 자금이 위의 은행들을 통해 소액금융 사업에 유입되었다. 그 중에서도 여성은행과 민중은행은 7만 건의 소액금융 대출을 했다. 여러 공공은행, 사립은행들은 2003년 9월 한 달 동안 7500만 달러의 소액금융 거래를 했다.

이 프로그램의 가장 중요한 수혜자는 사회경제를 광범위한 영역에서 실현하는 협동조합이다. 차베스 정부가 집권했을 당시 베네수엘라에는 조합수가 800개에 불과했지만 2003년 11월 현재, 4만여 개로 추산되는 등 50배의 양적 성장을 하였다. 협동조합의 비약적인 성장은 소규모 경제부문을 촉진했고, 더불어 이전의 사업방식과 달리 그들의 수익을 균등하게 배분하는 방식을 통해 조합원 사이의 평등성을 더욱 보장할 수 있게 되었다.

볼리바리안 학교와 보육 프로그램

베네수엘라에서는 각 학교에서 자체적으로 정하고 있는 비싼 등록금 때문에 어린이가 학교를 다니는 게 어려워지고 있었다. 등록금은 종종 중앙정부가 부족한 세원을 보충하기 위한 용도로도 전용되어 왔다. 차베스 집권 이전인 1996년에 교육 분야에 사용되는 공공재원은 GDP의 2.1퍼센트 수준으로 감소했다. 차베스 정부는 집권 후 교육 정책 수립을 최우선 과제로 했다. 2001년 교육재정은 GDP 대비 4.3퍼센트에 달하여 1996년의 두 배로 인상되었고 이는 지난 20년 동안 최대치였다. 교육에 대한 새로운 투자는 새 학교 건립과 오래된 학교를 '볼리바리안 학교'로 만드는 데 쓰였다.

볼리바리안 학교는 다방면으로 베네수엘라의 빈곤율을 낮추는 데 기여하고 있다. 전일제로 운영되므로 부모가 낮 시간 동안 육아 문제에서 벗어나 일에 집중할 수 있게 한다. 또한 전일제 프로그램은 더욱 풍부한 문화체육 활동을 가능하게 한다. 또한 아침, 점심과 늦은 오후 간식을 제공하여 이제까지 끼니를 거르던 많은 빈민층 자녀들이 식사를 할 수 있게 하고 일반 공공학교보다 더욱 지역공동체 사회와 밀착되어 있다.

2003년 2800개의 볼리바리안 학교가 개교했고 그 중 절반은 새로 개축한 것이다. 볼리바리안 학교에는 전체 취학 대상 어린이의 12퍼센트인 60만 명의 아이들이 다녔다. 정부는 2002년에 이르러서는 등록금을 없애고 공공학교 시스템을 확대하여 150만 명의 어린이들이 베네수엘라 공립학교에 다닐 수 있게 되었다고 발표했다. 베네수엘라 어린이들의 취학률은 1999년 83퍼센트에서 2002년 90퍼센트로 증가했다.

시몬시토 계획

볼리바리안 학교 프로그램을 보완하는 제도로 시몬시토 계획 Plan Simoncito이 있다. 이는 취학 전인 0세에서 6세에 해당하는 아이들에게 주간 육아와 취학 전 교육을 무료로 제공하여 부모들이 자신의 일에 주력할 수 있게 한다. 많은 빈민층 가정은 편부모 구조로, 부모들이 일과 부모 역할을 동시에 하는 데 어려움을 겪기 때문에 이 프로그램은 가난한 편부모에게, 특히 어머니들에게 도움을 줄 것이다.

사실 정부 지원 주간 육아 프로그램은 베네수엘라에서 새로운 것이 아니다. 이미 1980년대 후반에 프로그램이 만들어졌고 꾸준히 확장되었다. 그러나 1989년 프로그램에 참여한 영아들은 단지 1만 9000명에 불과했지만 1998년에는 전체 15만 명이 참여하는 것으로 추산됐다. 그리고 차베스 정부가 집권한 이후 주간 육아 프로그램은 더욱 확장되어 2003년 현재 30만 명에 달한다.

볼리바리안 대학

1차 교육은 점차 빈민층 자녀들에게 더 많은 혜택을 주고 있고 이는 고등교육에서도 마찬가지다. 볼리바리안 대학 계획이 구상된 이유 중 하나는 베네수엘라 인구 증가가 대학교의 성장 속도보다 더 빠르기 때문이다.

고등교육 과정bachiller을 밟은 사람이 대학에 입학할 수 있고 특히 공립대학은 입학시험으로 학생을 선발해 왔다. 그렇지만 빈민층은 대학 입학을 준비하는 데 필요한 특별 수업료를 지불할 수 없기 때문에 이는 일반적으로 빈민층과 노동계급의 속한 학생이 대학에 입학하는 데 장벽이 되었다. 1984년에는 대학에 지원한 빈민층 출신 학생 중 70퍼센트가 입학할 수 있었으나 1998년에는 19퍼센트에 불과했다. 노동계급의 학생들도 67퍼센트에서 27퍼센트로 감소했다. 결국 형식적으로는 입학할 권리가 있고 입학을 희망하지만 대학 입학시험의 기준치에 도달하지 못하여 대학에 들어가지 못하는 사람이 40만 명 이상이다.

베네수엘라 볼리바리안 대학UBV은 대학의 수가 부족해서 대학에 가고 싶어도 갈 수 없는 학생들의 수를 줄이려는 데 목적이 있다. 게다가 빈민층 출신 학생에게 입학 우선권을 부여한다. 지금까지 2400명의 학생들이 대학에 등록했고 2003년 10월 첫 학기를 시작했으며 2만 명이 등록대기 상태다. 전국에 대학을 개설하여 최종적으로 등록자 10만 명을 달성할 계획이다.

개혁의 본 궤도, 또 다른 미션들

미션 로빈슨-1차 교육

2003년 10월 차베스는 빈곤을 추방하는 일곱 가지 다른 '미션'들을 선언했다. 첫 번째 미션은 시몬 볼리바르의 스승이었던 시몬 로드리게즈에서 이름을 딴 미션 로빈슨Mission Robinson이다. 미션 로빈슨은 문맹 문제를 다룬다. 베네수엘라의 문맹률이 낮았던 시기에는 문맹률이 단지 7퍼센트였지만(다른 라틴아메리카와 카리브 해는 평균 11퍼센트다) 그 당시에도 문맹률은 분명 빈곤과 관련하여 가장 중요한 요소 중 하나였다.

이 프로그램의 실행을 위해 베네수엘라와 쿠바는 협력 조약을 맺었고 수백 명의 쿠바 인 전문가들이 베네수엘라에 들어가 교사로 투입되었다. 프로그램은 2003년 7월 1일 시작되었다. 대부분의 사람들이 문맹이어도 숫자는 알고 있기 때문에 숫자를 사용하는 쿠바의 교육 방식으로 학생들에게 읽기와 쓰기를 가르쳤다. 정부 통계의 따르면 100만 명 이상의 사람들이 각 지역에서 나온 10만 명의 언어 선생님들과 이 프로그램을 진행하고 있다.

두 번째 미션인 미션 로빈슨 II Mission Robinson II는 언어교육을 마친 참여자가 기초교육 과정과 동등한 수준의 지식을 쌓도록 한다. 프로그램은 매우 집약적이어서 베네수엘라의 1차 교육기관을 다니는 일반 학생들은 6년을 공부해야 하지만 미션 로빈슨 II 프로그램은 그 과정을 2년 만에 끝낼 수 있다. 미션 로빈슨 II는 2003년 10월 28일에 시작했고 한 해 동안 62만 9000명의 학생들이 참여했다. 그들은 거의 첫 번째 로빈슨 프로그램에 참여한 사람들이었다.

베네수엘라의 반대파들은 교육 프로그램이 쿠바의 사상주입 교육에 다름 아니라고 주장한다. 그러나 사용된 자료들(참여자들이 무료로 제공받은 이른바 '도서관'이라 불리는 많은 책들)을 대강 훑어보거나 프로그램을 이수한 사람들과 대화한다면 그러한 비난이 아무 근거가 없다는 것을 알 수 있다.

미션 리바스-2차 교육

베네수엘라 정부 통계를 보면 현재 500만 명 이상의 사람들이 고등학교에 가지 못하고 있다. 그래서 정부는 미션 로빈슨의 문맹 퇴치 및 1차 교육 프로그램과 병행하여 독립전쟁의 영웅 호세 펠리프 리바스Jose Felipe Ribas의 이름을 따 미션 리바스Mission Ribas를 개발하여 고등학교에 입학하지 못한 사람들을 위한 고등교육 과정을 시행하도록 했다.

미션 리바스는 최대 2년에 걸쳐 고등교육 과정을 이수하도록 한다. 에너지광산 장관이 프로그램의 주요한 협력자인데 2003년 11월 초 미션 리바스에 약 70만 명의 사람들이 참여할 것이라고 선언했고 11월 17일부터 20만 명의 사람들이 수업을 시작했다.

다른 미션과 마찬가지로 프로그램은 무료다. 또한 10만 명에 이르는 참가자들은 재정적 필요에 따라 장학금을 받는다. 이수 과정의 대부분은 감독자의 도움 아래 비디오 수업 또는 원격 수업을 받

게 된다. 정해진 공부를 마치면 학생들은 국립석유회사인 PDVSA
와 전기공사인 CADAFE의 광업, 석유, 에너지 부문에서 일할 자리
를 마련한다. 전 과정은 이 프로그램의 재원 대부분을 지원하는
PDVSA와 CADAFE와의 협력 아래 진행된다.

미션 수크레 - 고급 교육

　빈민들이 대학교육을 받지 못하는 가장 큰 이유는 교육기간 동
안 경제적으로 어렵기 때문이다. 그들은 보통 한편으로는 일하면서
종종 가족도 부양해야 하기 때문에 학업을 거의 지속할 수 없다. 미
션 수크레Mission Sucre는 베네수엘라 독립영웅의 이름을 따서 만들
어진 것으로 본래 대학교육의 장학금 제도에서 출발했다. 2003년
11월에 시작하여 초기에는 10만 명의 빈민층 학생들이 대학 과정
을 이수할 동안 매달 100달러를 지원받았다.

　2006년 현재 미션 수크레의 일환으로 진행되고 있는 볼리바리안
대학의 현황을 알 수 있는 글을 옮겨본다. 베네수엘라를 다녀온 한
국인 활동가(전소희)의 글을 빌려서 볼리바리안 대학의 모습을 조금
더 자세히 들여다보자.

　　대학 건물은 원래 초국적 석유회사 엑손모빌의 것이었다.
　1974년 석유를 국유화하면서 엑손모빌 건물은 베네수엘라 석유
　회사인 PDVSA의 것이 되었다. 그러나 PDVSA는 국영석유회사
　임에도 불구하고 그 경영진은 베네수엘라 정부보다 오히려 초국
　적 자본과 국제금융기구, 미국의 통제를 받고 있었다. 현재 대학
　이 자리 잡고 있는 건물은 경영진들이 이용하던 사무실과 사교

클럽이었다. 건물 안에는 거물급 엘리트들을 위한 사우나와 식당, 연회장 등이 있었다고 한다.

차베스 대통령을 몰아내기 위한 음모였던 2002~2003년의 석유회사 경영진들의 '파업'이 무력화된 후, 정부는 회사 사교 클럽 건물을 빼앗아 또 하나의 '베네수엘라 볼리바리안 대학교'를 세웠다. 볼리바리안 대학은 다른 대학과 마찬가지로 4년 과정이다. 그리고 노동자를 위한 야간 과정은 시간제약상 5년제로 운영한다고 한다. 공중보건, 환경, 사회학, 지정-정치학, 농업생태학, 법학, 정보통신학, 의학, 건축학 등 11개 학과로 운영되고 있다. 석유회사 사교 클럽을 대학으로 바꾸는 작업은 계속 진행 중이다. 주차장에는 버스 여러 대가 서있고, 버스를 한창 단장하고 있었다. 새로 단장된 버스 뒤편에는 '혁명은 교육이다'라는 구호가 적혀 있다.

석유회사 건물에 세워진 볼리바리안 대학은 현재 학생 5000명 규모다. 학비는 물론 없고, 하루 세 끼와 통학 교통편 모두 무료로 제공한다. 그리고 필요한 학생에게는 기숙사도 무료로 제공한다. 시험도 없고 무조건 선착순으로 학생을 선발한다고 해서, 그 치열한 경쟁을 어떻게 해결하느냐고 물어봤더니 답은 '지방화' municipalization였다. 즉, 이곳에 있는 볼리바리안 대학은 카라카스 시내 학생들을 대상으로 하며 중앙본부 역할을 하고, 전국적으로는 가능한 한 많은 지역, 바리오barrio(원래는 동네라는 뜻이지만 지금은 사실상 빈민촌을 의미한다)에 분교를 짓고 있다는 것이다.

분교는 강의실 하나일 수도 있고, 교수 한 명을 파견하는 정도일 수도 있지만, 중요한 것은 학생이 대학에 오는 것이 아니라 대학이 바리오로 뻗어나가 학생에게 간다는 것이다. 그렇게 함으로써 대학 교육의 탈중심화를 꾀하고 아울러 무시험 무료 대학교육에 대한 수요도 해소하고 있다는 것이다.

지방화는 물리적 공간을 확대하는 것만이 아니다. 이는 대학 구조뿐 아니라 교육철학 전반을 관통하는 주요 원칙이다. 볼리바리안 대학에서 가르치고 있는 11개 과목 모두 내용과 교육방식에서 지방화를 핵심으로 삼고 있다. 지역공동체가 교육의 주체이자 대상이며, 교육의 목표 자체가 지역공동체를 구축하는 데 있다.

예를 들어, 건축학과의 경우 학과의 구호가 '민중을 위한 친환경적 사회와 공간을 만드는 것'이다. 이 대학에서의 건축학은 전문 디자인을 넘어 건축의 사회적 기능에 초점을 맞추고, 인간과 생태가 중심이 되는 지역공동체를 물리적으로 구축하기 위한 학문인 것이다. 그래서 강의실은 대학뿐 아니라 바리오 그 자체이며, 정부-대학-바리오 자치조직들이 공동 주체가 되어 주거와 기간시설, 문화시설 등을 연구하고 건립한다.

농업생태학과도 있다. 농업생태학은 여기서 새로 만들어 낸 학문이며 남미에서 농업생태학을 가르치는 대학은 볼리바리안 대학이 유일하다. 주류 학문에는 자연자원 착취와 교역을 전제로 한 농업경제학이 있지만 대안 학문으로서 농업생태학은 생태 보존과 식량 주권 확보, 지역공동체를 중심으로 한 유기농법 연구와 실천을 중심으로 한다는 것이 과 사무실의 설명이다. 학생들은 농촌 협동조합에 가입하고 협동조합의 일원으로 공부한다고 한다. 신생 학문이다 보니 전공 교수가 없어 생물학, 화학, 수의학, 문화인류학 교수들이 팀을 이루어 학생, 협동조합과 함께 강의를 계속 개발 중이라고 한다.

미션 바리오 아덴트로 - 무상의료 제도

차베스 대통령 임기 초기에 250명의 쿠바 의사 그리고 간호사들이 베네수엘라에서 봉사하고 있었다. 그 당시 베네수엘라 보건부는 베네수엘라 의사들에게 월급 600달러를 지급할 테니 빈민 거주 지역에서 무료로 의료 혜택을 줄 것을 호소했으나 극소수의 베네수엘라 의사들만이 참가했다. 반면 여러 나라에서 국제 자원봉사를 경험한 쿠바 의사들은 2003년 3월부터 베네수엘라에 들어오기 시작했다. 쿠바 의사들은 정부로부터 한 달 생활비로 250달러를 받고 빈민가에 살면서 병원이나 그 밖의 의료 시설을 운영한다. 그들은 또한 쿠바가 기부한 약품을 무료로 제공한다.

쿠바 의사들은 아침에 환자를 치료하고 오후에 가까운 지역을 방문하여 그 지역 주민들에게 예방의학에 대한 지식을 알려준다. 병이 걸리지 않도록 하는 것이 중요하기 때문이다. 이러한 모든 의료 활동은 당연히 무상으로 빈민들에게 제공된다. 베네수엘라에서 활동하고 있는 쿠바 의사는 현재 2만 명 가까이 된다고 한다. 빈민가 주민들은 한결같이, 베네수엘라 의사들과 달리 쿠바 의사들은 환자를 인간적으로 대우하고 한밤중에도 필요하면 찾아온다고 말한다. 차베스가 집권하기 이전에는 빈민가에 병원이 없어서 치료를 받으려면 멀리까지 가야 했고 제대로 치료받지도 못했다.

미션 바리오 아덴트로Mission Barrio Adentro가 엄청난 인기를 끌자 차베스 반대파들이 이를 방해하기 시작했다. 우익 반대파 소속의 베네수엘라 의료연합VMF은 세계적 의료 수준을 자랑하는 쿠바 의사들을 돌팔이 의사라고 거짓 선전하기 시작했고 쿠바 의료진 자원봉사자들의 활동 금지를 위하여 법원에 소송을 걸기도 했다. 한 지방법원이 베네수엘라 의료연합에게 유리한 판결을 내렸으나 차베스 정부는 이런 판결에 항소했다.

그뿐 아니라 쿠바 의사들에 대한 물리적 공격도 늘어나서 2003년 아라구아 주州에서는 한 명의 쿠바 의사가 살해당했고 수도 카라카스의 페타레 지역에서는 쿠바 의사의 베네수엘라 인 보조원이 살해당했다. 차베스 반대 세력들은 가두집회 때마다 "쿠바 의사를 죽이고, 애국주의자가 되자"는 구호까지 외쳤다. 2003년 12월경에는 많은 베네수엘라 의사들이 바리오 아덴트로에 동참하기 시작했다. 그렇지만 그들은 빈민가에 살면서 그들을 돌봐주는 데 있어서 쿠바 의사들처럼은 하지 못한다는 의견이 많다.

쿠바 의사들이 운영하는 병원에는 첨단 시설이 갖춰져 있고 이러한 병원은 월수입과 상관 없이 모든 사람들에게 무료로 의료 혜택을 제공하고 있다. 쿠바는 또한 베네수엘라 학생들에게 의사가 되도록 훈련시키고 있다. 많은 베네수엘라 학생들이 쿠바 수도 아바나에 있는 라틴아메리카 의과대학에 다니고 있으며 이들이 앞으로 베네수엘라에서 활동하고 있는 쿠바 의사들을 대체할 것이다. 간호사들의 경우 베네수엘라 간호사들이 이미 쿠바 간호사들을 대체했다.

초기에 바리오 아덴트로는 그 성공을 장담할 수 없었으나 이제 모든 사람의 희망이 되었다. 바리오 아덴트로 때문에 베네수엘라 사람들의 반공의식 그리고 쿠바혁명에 대한 반감과 모든 편견이 점차 사라지고 있다. 차베스 정부는 쿠바 정부의 이러한 도움에 대한 감사의 표시로 쿠바에 석유를 제공하고 있다.

미션 미란다

베네수엘라 군대는 빈민층 출신이 교육을 받고 직업을 얻을 수 있는 곳으로 알려져 왔다. 그러나 상당수가 군대를 떠난 후에는 취업하지 못하고 있다. 이 문제를 해결하기 위해 차베스 정부는 또 다른 독립영웅인 프란시스코 데 미란다Francisco de Miranda 장군의 이름을 따 미션 미란다Mission Miranda를 계획했다.

이 미션은 군대에 종사했던 사람이 군대를 떠난 후에도 정부의 보조를 통해 자립할 수 있도록 한다. 프로그램에 참여한 모든 사람은 최저임금을 받으면서 협동조합을 세우는 것에 관한 교육을 받고 소액금융 제도의 지원을 받는다. 프로그램은 2003년 10월 19일에 선언되었는데 당시 5만 명의 전직 군인이 등록했고 연말에는 다시 5만 명이 등록했다.

반대파들은 미션 미란다에 의혹을 제기하며 차베스가 그의 개인적인 지휘를 받는 군대를 양성하고 있다고 말한다. 차베스가 전국을 군대화하고 개인적인 충심에 가득 찬 군대를 양성하며 지지 기반을 다지고 있다는 것이다. 그러나 이는 반대파의 그동안의 행태를 보았을 때 터무니없는 주장이다.

미션 메르칼

미션 메르칼Mission Mercal은 정부 지원을 받는 슈퍼마켓들을 세워 시장가격보다 훨씬 저렴하게 전국에 생활필수품을 제공하는 프로그램이다. 이 프로그램은 2002년 12월, 차베스 반대 진영의 총파업으로 대형 상점들이 문을 닫았을 때 등장한 자생적 시장에서 비롯되었다. 차베스 정부는 국가 지원을 받는 생필품 지급 네트워크가 필요함을 역설했다. 프로그램은 천천히 시작되었고 2003년 11월에 전국 100개 이하의 지역으로 보급되었다. 그 후 정부는 시장을 세우는 데 박차를 가하여 12월에는 해당 지역이 200개로 늘어났고 2004년 2월에는 20배인 2000여 개로 늘어났다. 반대파들은 프로그램을 비판하면서 메르칼 슈퍼마켓은 사유재산의 기본권을 침해한다고 말한다.

복지 정책들의 의미

위에서 언급한 것과 같은 다양한 복지 프로그램들은 힘겹게 살아온 빈민들에게 직접적으로 혜택이 돌아가는 것들이다. 돈이 없어서 교육받지 못하고, 병원에도 가지 못한 사람들에게 이런 프로그램들은 정말로 눈물겹게 소중한 것들이다. 이러한 프로그램을 통해서 차베스는 대중들의 지지를 획득해 나간다. 민중들은 이전에는 빈민들을 위해서 자신의 모든 것을 던지는 대통령을 본 적이 없었다. 그렇기 때문에 우파 방송과 신문들이 아무리 차베스에 반대하는 선무방송을 해대도, 직접적인 삶의 변화를 느낀 민중들은 차베스와 자신 사이에 동질감을 느끼게 되고 차베스를 지키기 위해서 나서게 되는 것이다.

16

베네수엘라와 석유

석유의 저주

"석유 한 방울 나지 않는 나라에서…" 이런 이야기를 듣다 보면 누구나 한 번쯤은 풍부한 지하자원을 가지고 있는 나라들이 부럽다는 생각을 해본다. 어떤 나라는 운이 좋아서 땅만 파면 석유가 쏟아지고, 그것을 팔아서 돈도 벌고… 그러나 석유가 풍부한 나라들을 돌아보면 경제 사정이 그다지 좋지 않은 나라들이 많다. 이러한 현상을 '석유의 저주'라고 한다. 세계 5위의 산유국인 베네수엘라도 그 저주에서 자유롭지 못했다.

중남미에서 가장 버림받은 지역 중 하나였던 베네수엘라에 처음으로 유전이 개발된 것은 1912년이었다. 개발과 동시에 네덜란드와 영국의 합작회사인 로얄 더취 쉘Royal Dutch Shell과 미국계 기업인 록펠러 스탠다드 오일Rockefeller Standard Oil이 베네수엘라의 주요 석유 생산자로 자리잡았다. 그리고 1929년에 베네수엘라는 미국에 이어 세계 2위의 산유국이자 세계 최고의 석유 수출 국가가 되었다. 수출 총액에서 석유가 차지하는 비중은 1920년 1.9퍼센트에 불과했지만 1935년에는 무려 91.2퍼센트에 달했다.

항상 그리고 모든 나라가 그렇겠지만, 이처럼 외부에 의한 급속한 경제 상황의 변화는 심각한 사회변화를 초래했다. 농업 생산량은 급락했고, 석유 이외의 산업화는 다른 중남미 국가에 비해 크게 뒤떨어지게 되었다.

1943년 베네수엘라는 탄화수소법을 제정하면서 석유 정책을 광범위하게 개혁해 나가기 시작했다. 외국계 석유 회사들도 베네수엘라의 세법稅法을 적용받도록 하여 베네수엘라 정부에 내는 세금보다 더 많은 이익을 얻을 수 없도록 규제했다. 1950년대에 들어서자 중동의 석유 개발이 본격화됨에 따라 석유 가격은 크게 떨어져서 바닥을 벗어나지 못하게 되었다. 저유가가 계속되자 중동의 산유국들은 OPEC를 결성했고, 이에 자극을 받은 베네수엘라도 석유산업을 국유화하기 시작했다.

'위대한 베네수엘라' 프로젝트의 실패

1976년 페레스 대통령이 이끄는 정부는 '위대한 베네수엘라' 프로젝트를 추진하면서 14개의 주요 외국 석유회사를 베네수엘라에서 철수시키고, 1만 1000여 개의 유정, 11개의 정유소, 14개의 오일탱크 등을 포함하는 자산을 인수하여 베네수엘라 국영석유회사

PDVSA를 설립했다. 그러나 당시의 국유화는 형식적인 수준에 머물렀다. 14개의 외국 회사는 이름만 바꾸어 PDVSA의 계열 회사가 되었고, 제각각 독자적으로 운영되었다.

영국계 쉘 베네수엘라는 마라벤Maraven이라는 이름으로 국유화되었지만, 쉘 베네수엘라 시절의 사장이 그대로 마라벤의 사장이 되었다. 미국계 엑손과 모빌은 각각 라고벤Lagoven과 꼬르뽀벤Corpoven이 되었지만 이 역시 마찬가지였다. 인맥으로도, 기술적으로도, 그리고 경영상에서조차 이전 회사에 얽매여 있었기 때문에 이전 회사의 특혜성 계약을 체결하는 일이 계속되었다. 국유화라고는 하지만 정부의 영향력은 전혀 확보되지 못했다.

1970년대의 석유 파동과 이에 따른 유가 상승은 베네수엘라에 '축복'을 가져다 줄 것이라고 사람들은 기대했다. 그러나 결과는 그 반대였다. 잠깐의 호황기 이후에는 만성적인 인플레이션이 계속되었고, 역설적이게도 국가 부채는 증가했다. 그리고 1980년대 중반 OPEC 국가들이 생산 제한량을 어기면서부터 석유 가격이 폭락하자 베네수엘라의 경제 사정은 더욱 악화되었다. 이러한 상황에서 형식적인 국유화조차 되돌리려는 민영화 압력이 가속화되었다. 1989년 페레스 정권 때, 이번에는 '대개방' 정책이 추진되어 외국 기업들이 PDVSA와 함께 신규 석유개발 사업에 참여할 수 있도록 허용되었다.

석유산업 개혁의 시작

차베스가 대선에서 당선된 1998년은 유가 하락이 가장 극심했던 해였다. 1차 석유파동이 있기 전인 1973년 이후 가장 낮은 유가를 기록했다. 1배럴당 3.19달러까지 떨어지기도 했는데, 이는 1리터에 2센트에 불과한 가격이었다. OPEC는 석유 할당량을 어기며 국제 석유시장에 많은 양의 석유를 공급하고 있었고, 러시아나 멕시코와 같은 비 OPEC 산유국들도 생산량을 늘리고 있어 국제 유가는 나날이 바닥을 치고 있었다. 그 중에서도 OPEC의 할당량을 가장 무시하고 석유를 수출하던 나라는 미국의 입김이 가장 심하게 작용하는 베네수엘라였다.

차베스는 집권 첫 해를 국제 유가를 정상화하는 데 투자했다. OPEC 회원국과 그 밖의 석유 수출국을 방문했고 2000년 카라카스에서 OPEC 정상회담을 개최했다. 이러한 노력으로 OPEC 회원국과의 신뢰를 회복하고 결속력을 강화하여 국제 유가를 배럴당 22달러에서 28달러 사이로 유지하는 것에 합의했다. 그 결과 1985년 이후 처음으로 배럴당 유가는 정상 수준인 27달러를 회복했다.

이러한 국제적인 합의를 이끌어 내기 위해서는 PDVSA를 비롯한 국내의 기득권 세력과의 갈등이 불가피했다. 석유산업 개혁은 차베스 집권과 함께 에너지광업 장관과 PDVSA 사장으로 활약한 알리 로드리게스가 전면에 나서서 담당했다. 로드리게스는 PDVSA 사장에 취임한 이후 기존의 부패한 임원진을 교체하고 정부의 영향력을 행사할 수 있는 이사회를 구성했다. 그리고 정부의 방침에 따라 석유 생산량과 신규 개발사업을 줄이고 OPEC의 할당량을 준수하도록 했다.

총구를 어디에 겨눌 것인가

석유산업에 대한 개혁은 OPEC와의 협력을 통한 가격 조정과 PDVSA에 대한 영향력 확보로 끝나는 것이 아니었다. 석유라는 무기를 장악했다면 이제 그것의 총구를 어디에 겨눌 것인가를 고민해야 했다. 즉 석유산업의 공공적인 성격을 보다 명확히 하고, 석유로부터 발생하는 이익을 어떻게 민중들이 공유할 것인가를 구체화하는 것이 필요했다. 그것은 유가 조정이나 형식적인 국유화보다 계급 대립의 본질에 더욱 가까운 것이며, 이를 둘러싼 기득권 세력과의 일대 격돌은 불가피했다.

1999년 제헌의회가 만든 헌법에서는 석유산업에 대한 국가 소유를 명시했다. 경제적·정치적 주권의 문제로서 또 국가 전략의 문제로서 PDVSA의 국가 지분을 유지하고 석유산업에 대한 국가의 통제권을 명확히 했다. 그리고 2001년 11월 통과된 49개 개혁법안 중 '탄화수소법'을 보면 석유 탐사활동과 생산활동은 공공의 이익을 위해 이루어져야 한다고 규정하고 있다. 그리고 이것은 석유로부터 발생하는 이익을 사회복지와 교육 등에 사용할 수 있는 근거가 되었다.

민중을 위한 석유산업이라는 방향은 조세개혁을 통해 구체화되었다. 그간 베네수엘라에서 석유 생산에 참여하고 있던 외국계 기업이 정부에 지불해야 하는 공식적인 로열티는 16.6퍼센트 수준이었으며, 그나마도 많은 경우 더 낮은 세금을 내고 있었다. 게다가 차베스가 집권하기 전인 1998년에는 PDVSA 내에서 로열티를 완전히 없애자는 주장도 제기되고 있었다. 그러나 2001년 개혁법안이 통과된 이후에는 30퍼센트로 높아졌다. 대신에 석유 추출에 부과되는 소득세는 67.6퍼센트에서 50퍼센트로 낮췄다. 판매 가격에 따라 부과되는 로열티가 기업의 수입에 부과되는 소득세보다 공정하게 세금을 부과할 수 있고 탈세도 막을 수 있기 때문이다. 소득세 중심의 조세 방식일 때 기업은 장부상의 수입을 줄이기 위해 불필요한 비용을 늘려서 자신의 이익을 편법으로 늘려왔지만 로열티로 조세 방식을 변경하면서 이러한 관행도 줄이고 기업을 효율적으로 운영하도록 하는 유인이 되었다.

정부의 이러한 개혁은 기득권 세력의 즉각적인 반발을 불러일으켰다. 그들은 로열티를 높이고 신규 개발사업을 제한하면 외국의 투자자본이 빠져나가기 때문에 탄화수소법은 곧 베네수엘라 석유 산업에 사형선고를 내리는 것이라고 주장했다. 또 PDVSA의 정부 지분을 명시함으로써 사영화를 제한하는 헌법에 대해서도 강력하게 반발했다. 베네수엘라 인 누구나 자유롭게 주식시장에서 PDVSA의 주식을 살 수 있어야 한다는 논리였다. 그러나 이런 논리가 누구의 이익과 연결되는지는 불을 보듯 뻔하다.

앞서 봤듯이 기득권 세력은 차베스 정권을 끌어내리기 위해 계속 노력했지만 민중들의 저항에 부딪혀 실패했고 오히려 차베스의 기반을 강화시키는 결과를 가져왔다. 2003년에 있었던 어용노조 CTV의 총파업 실패는 CTV를 무너뜨리고 진보 노조인 UNT가 결성되는 계기가 되었고 특히 중요한 건 차베스 정부가 집권 4년 만에 '국가 안의 또 다른 국가'로 군림하던 PDVSA의 경영권을 장악할 수 있는 계기가 되었다.

사회와 경제 발전을 위한 기금, 폰데스빠

PDVSA의 변화는 단지 내부적인 개혁에 머물지 않았다. 경영 투명화와 소유 구조 개편은 PDVSA가 진정 민중의 것으로 태어나기 위한 시작이었다. 차베스 정부는 PDVSA를 국가의 전반적인 발전 계획 아래 운영하도록 했다. 석유산업에서 발생한 수익을 민중들에게 공정하게 분배하기 위해서 '폰데스빠FONDESPA'라는 공식적이고 독립적인 기금을 설립했다.

'사회와 경제 발전을 위한 기금'이라는 의미의 폰데스빠는 석유 자원을 국가 사업에 이용하기 위해 고안되었다. 베네수엘라의 극심한 경제적 불평등은 석유 자원과 그로부터 발생하는 수익이 극소수의 기득권층에게 독점되어 왔기 때문이라는 점을 인식한다면 이 기금을 통해 불평등을 해소하고 국가 전반의 발전을 추진하고자 한 것은 매우 구체적이면서도 본질적인 사회개혁의 방법이라 할 수 있다.

'국가 경제와 석유 이익의 올바른 관계'라는 목적을 내걸고 2004년 5월 14일, PDVSA의 주주 총회는 폰데스빠의 설립을 승인했고 5월 18일 베네수엘라 중앙은행 이사회가 이를 인정했다. 7월 31일 PDVSA는 사회경제개발은행BANDES과의 협정에 사인했다. 협정 내용은 사회경제 개발은행이 폰데스빠의 운영을 맡고, PDVSA는 폰데스빠에 자금을 공급한다는 내용이다.

즉 PDVSA가 폰데스빠를 통해 사회경제 개발은행이 추진하는 각종 사회개혁 프로그램과 건설 사업 등에 필요한 자본을 공급한다는 것이다. 이로써 볼리바리안 혁명의 실질적인 내용이라 할 수 있는 각종 사회개혁 프로그램이 보다 활발히 추진될 수 있게 되었으며, 사회

기반시설 확충, 농업, 보건, 교육 등 국가 산업 전반에 균등한 투자가 이루어지게 되었다.

'지역의 자생적 성장'을 위한 PDVSA의 활동

모든 시민들, 여성과 남성들은 공공의 문제에 자유롭게 참여할 권리를 가진다… 공공의 협정을 만들고 집행하고 규제하는데 민중의 참여는, 개인적인 면과 집단적인 면 양쪽에서 완전한 발전을 보증하는 지도력을 갖는 데 필요한 수단이다.

—볼리바리안 헌법 제61조

폰데스빠의 자금을 지원하는 방법 외에 PDVSA는 정부가 추진하는 각종 사회개혁 프로그램들을 직접적으로 지원하고 있다. 가장 대표적인 것이 지역의 '자생적 성장' 정책이다. 자생적 성장은 소외된 지역의 공동체들이 스스로 협동조합을 결성하여 자신의 상황에 적합한 개발을 능동적으로 추진하는 것이며, 이를 위해 정부는 생산적인 네트워크를 건설하고 기술과 지식 등의 정보를 지원한다. 즉, PDVSA를 비롯한 여러 국가기관이 지역공동체와 직접적인 연대를 통해 지역의 자생적 성장을 지원한다.

이 정책은 주로 도심 외곽에 집중되어 있는 빈민 지역과 역사적으로 소외되어 왔던 오지를 자생적 성장의 핵심 대상으로 삼고 이들 지역에서 자체적으로 운영해오던 공동체 조합이 생산적인 활동을 할 수 있도록 장려하고 지원한다. 예를 들어 농촌 지역에는 새로운 농업기술과 기계, 그리고 정부 소유의 유휴지를 지원하고 다른 농업 지역과의 네트워크를 구성하는 한편, 스스로 자기 지역의 발전을 계획하고 추진할 수 있도록 한다.

각 지역의 공동체들은 농업, 제조업, 관광업 등 그들이 처한 특수한 상황을 고려하여 사업을 추진해 나갈 수 있도록 지원받는다. 즉 위로부터 획일화된 개발, 선택과 집중을 통한 방식의 불평등한 개발이 아니라, 사회에 존재하는 구조적인 다양성을 인정함으로써 모든 분야에서 잠재되어 있는 민중의 힘을 일깨우는 개발인 것이다. 그리고 이를 통해 주민 스스로 자신의 잠재력을 인식하고 진정한 자치를 실현시킬 수 있는 것이다.

자생적 성장 정책은 소외된 지역의 삶의 질을 향상시키고, 빈곤을 퇴치하며, 민중의 자치의식을 고양시킬 뿐 아니라 국가 전반의 균형적인 발전을 실현시킬 수 있을 것이다. 도시의 과밀한 인구의 분산을 유도하고, 개발되어 있지 않은 지역은 지역 주민 스스로의 힘으로 그들이 원하는 방식으로 개발하는 것이다. 즉, 자생적 성장 정책은 경제와 사회의 새로운 모델을 민중 스스로 창조하는 것에 방향을 두고 있다. 800여 개에 불과하던 지역의 생산조합은 2006년 현재 10만 개로 증가했고, 60만 명이 이러한 조합에서 활동하고 있다. PDVSA는 이들 조합을 재정적·행정적인 측면에서 지원하고 있다. 2004년부터 2005년 5월까지 1년 반 동안 765억 볼리바르(약 350억 원 정도)를 이 사업에 지출했다.

석유의 저주로부터 벗어나는 방법

많은 경제학자들이 자원이 풍부한 나라가 오히려 가난하다는 수

수께끼 같은 현실을 이해하기 위해 노력을 기울여 왔다. 이에 대한 초기의 연구는 천연자원 수출로 외화를 많이 벌어들이면, 자국의 통화가 평가절상되어 제조업 수출이 저하되고 나아가 천연자원이 경제성장을 가로막는다고 설명했다. 또 자원이 많은 나라에서는 교육이나 산업투자와 같은 경제성장의 핵심 부분에 대한 투자가 약화된다는 연구도 있었다.

최근의 연구들은 천연자원이 경제성장을 저해하는 가장 중요한 이유로 사회경제적 그리고 정치적 제도의 발전을 주목하고 있다. 하버드 대학교의 대니 로드릭Dani Rodrik 교수 등 많은 경제학자들은 재산권의 보장, 부패의 정도, 정부의 행정 능력 등 광범위하게 '제도'institutions라고 표현되는 요인들이 경제성장에 가장 중요하다고 지적해왔다. 이들의 연구에 따르면 천연자원이 풍부한 나라는 천연자원을 둘러싼 특권적인 지대地代, rent가 발생하고 이 특권적 이윤을 획득한 집단이 사회 전체를 장악한다는 것이다.

이러한 연구 결과는 '석유의 저주'에서 해방되는 실마리를 제시하고 있다. 결국 석유로부터 발생하는 특권적인 이윤을 특권적이지 않게 만들어야 한다는 것이다. 천연자원을 다수가 공동으로 소유하고 그 자원에서 발생하는 이익을 다수가 함께 공유할 때, 그리고 그 이익을 사회 전반에 투명하고 평등하게 사용할 때, 저주는 축복이 될 수 있을 것이다. 그리고 저주를 축복으로 바꾸는 연금술은 바로 차베스와 베네수엘라 민중들의 기득권 세력에 맞선 싸움, '자생적 성장'과 같은 새로운 경제 모델의 과감한 실험으로 현실이 되고 있다.

민중들이 진정 필요로 하는 것은?

차베스는 '가난을 끝장내는 유일한 방법은 빈민들에게 권력을 주는 것이다'라는 매우 뚜렷한 철학을 가지고 개혁을 진행해왔다. 실제로 변혁의 과정에서 지금까지 소외되었던 사람들이 조금씩 자기 자리를 찾고 권력을 갖게 되었다. 이것은 이미 정해진 틀 내에서 정부를 고르는 데 불과했던 형식적인 민주주의를 넘어서는 진정한 민주주의라 할 수 있다.

가난한 사람들이 자각하고 깨어나서 정치의 주인으로 거듭나기 위해서는 문맹을 퇴치하는 문제가 우선적으로 요구되었다. 베네수엘라에서의 문맹퇴치 사업은 쿠바의 도움으로 매우 성공적이었다. 쿠바는 이러한 사업에 필요한 교재뿐 아니라 대규모 교사단까지 파견해서 적극적으로 베네수엘라를 도와주었다. 차베스는 다음과 같이 얘기한다.

"과거에 베네수엘라에서 능숙히 글을 읽을 수 있는 사람들은 많아야 연간 15000명 정도 생겼습니다. 반면에 우리는 2003년에 6개월간 100만 명에게 읽고 쓰기를 가르치고 있습니다. 단 한 해만에 15000명에서 100만 명으로 폭발적으로 증가한 것입니다… 우리는 각 과정들을 매우 엄격한 기준을 가지고 주시하고 평가하고 촉진하고 있습니다. 예를 들어보자면 나는 학교 문턱을 넘어본 적도 없는 102세의 노인이 7주 동안에 글을 배우는 것을 직접 보았습니다.

85세의 할머니도 보았고요. 아버지가 없는 8살, 10살 그리고 12살 먹은 형제들이 눈물을 글썽이며 이렇게 말하더군요. '대통령 아저씨, 우리는 이제까지 학교에 다닐 수 없었는데 지금은 글을 배우고 있어요.' 그 아이들은 지금 학교에 다니고 있고 정규교육 체계의 보호 아래에 있습니다."

문맹퇴치 사업 외에도 미션 로빈슨, 미션 리바스, 미션 수크레 등의 무상교육 프로그램을 통해 베네수엘라의 대중들에게 학습 열풍이 불고 있다. 2004년 현재 이러한 프로그램에 베네수엘라 국민의 60퍼센트가 참여하고 있다. 베네수엘라는 지식의 힘을 통해 깨어나고 있는 것이다.

한편, 빈민가에서는 무상의료 프로그램인 미션 바리오 아덴트로가 실시되고 있다. 베네수엘라 국민들에게 가장 사랑받는 미션이라고 하는 바리오 아덴트로는 2만 명의 쿠바 의사들이 빈민가에서 헌신적으로 의료 봉사를 하기 때문에 가능했다. 베네수엘라의 대통령 소환투표를 감시하기 위해 카라카스를 방문한 카터 전 미국 대통령이 이러한 무상의료, 무상교육 프로그램에 매우 감동해서 TV 기자회견에서 소감을 밝힌 적이 있을 정도로 성공적으로 진행되고 있다. 차베스는 카터의 방문을 떠올리며 다음과 같이 얘기했다.

"거의 40년 동안 카라카스 빈민가의 20만 명이 넘는 주민들에게 의사는 없었습니다. 어떤 사람은 응급치료를 기다리다 죽기도 했고, 임산부는 마룻바닥에서 출산을 하고, 아이들은 천식과 설사로 목숨을 잃었습니다. 그러나 지금은 의사가 있습니다. 이제 한 시간 내에 의사에게 신속한 치료를 받지 못하는 사람은 그 지역에 단 한 사람도 없습니다. 게다가 의사들이 약품도 비치하고 있어서 더 이상 약을 사지 않아도 됩니다. 카터는 이것을 말하고 있는 것입니다. 또 어떤 사람은 카터에게 요즘 우리 동네에서는 춤추고 술 한 잔 할 시간이 일요일밖에 없다고 농담을 하기도 했죠. 왜냐고요? 남녀노소를 가리지 않고 대부분의 사람들이 평일 5시 이후에는 학습을 하기 때문입니다. 모든 주민들이 공부하고, 글을 배우고, 학교 시험공부를 하고 있습니다. 이 모든 것들이 피델이 있기에 가능한 것입니다… 비록 많은 사람들이 내가 쿠바 이야기를 꺼낼 때마다 화가 나서 길길이 뛰겠지만 상관없습니다. 나는 내가 어디에 있든, 누구와 있든, 세계포럼에서 연설을 하든지 간에 쿠바에 대한 감사를 공식적으로 상기시키고 부각시킬 것이며 이를 표현하는 데 주저하지 않을 것입니다."

차베스 대통령이 추진하고 있는 다양한 미션들은 대중들과 직접 만나서 그들의 고민들 듣고, 대중의 이해와 요구에 준해서 추진한 사업들이다. 차베스 대통령은 대중들과 직접 만나서 그들의 고민을 듣고 교감을 나누는 것을 중시한다.

이러한 미션들이 가능했던 것은 베네수엘라 국영석유회사 PDVSA를 제대로 국유화한 후에 거기서 나오는 이윤을 미션들의 재원으로 투입할 수 있었기 때문이다. 장학금 제도를 만들어서 대중들이 돈 걱정 없이 공부할 수 있도록 지원하고 있고, 직업훈련과 일자리 개발을 통해 많은 사람들이 생산에 참여하게 되었다.

이러한 개혁을 추진하는 일은 쉬운 일이 아니었다. 특히 보수 세력들의 여러 번의 위협이 있었다. 차베스는 2002년 4월의 보수반동 쿠데타에서 목숨을 잃을 뻔했다. 그는 인터뷰에서 다음과 같이 회상한다.

"나는 지금 죽음이 한 걸음씩 다가오고 있다는 것을 느낄 수 있습니다. 쿠데타가 있던 2002년 4월 12일 자정에 그들은 사형집행을 하기 위해 나를 해변가로 데리고 갔습니다. 그들이 받은 명령은 일출에 기해서 사형을 집행하라는 것이었습니다. 나는 손에 십자가를 쥐고 예수 그리스도와 체 게바라를 떠올렸습니다. 기관총으로 무장한 군인들과 용병들이 주위를 에워쌌습니다. 그들 중 한 명이 등 뒤로 다가오자 뒤에서 날 쏠 거란 생각이 들더군요. 그래서 뒤를 돌아 그 사람의 눈을 똑바로 응시하는 그 순간 마음속에서 체 게바라의 모습이 떠오르는 것이었습니다. 체는 그가 죽은 라 이게라 마을의 작은 학교에 있었습니다. 나는 내 자신에게 이렇게 중얼거렸습니다. '나는 체 동지처럼 죽게 될 것이다. 당당히 맞서자.'

운이 좋게도 당시의 군사적인 상황 덕분에 그때 죽지 않을 수 있었죠. 그 순간에 상공에는 헬리콥터가 날고 있었고 파도는 거칠게 몰아치고 밤하늘의 별들은 반짝이는 가운데 군인들은 총으로 나를 겨누고 있었습니다. 나는 죽을 준비를 하고 있었죠. 그러나 갑자기 나를 감시하던 젊은 군인 하나가 손에 총을 쥐고 이렇게 말하는 것이었습니다. '우리가 대통령을 죽이는 순간 우리도 모두 죽게 될 거야. 저 사람은 베네수엘라 대통령이야.' 갑작스럽게 혼란이 닥쳤고 나는 그들을 진정시키기 위해 이렇게 말했습니다. '진정해라. 모두 침착해라. 너희는 모두 내편이다.' 나는 그들과 대화를 시작했고, 가까스로 협력을 얻어서 결국은 진정시켰습니다. 나는 그들에게 이렇게 말했습니다. '잘 들어라. 나는 포로이니 포로로 대우해라. 그렇지만 내가 베네수엘라의 대통령이란 사실은 잊지 말아라.'

그 후 그들은 나를 격리시켰고 거의 쉴 시간이 없던 우리는 잠자리에 들었습니다. 나는 그들에게 말했습니다. '내일은 새로운 날이 올 것이다. 지금 일어나고 있는 상황을 직시하되 침묵을 유지해라. 서로 죽고 죽이는 일이 일어나선 안 된다.' "

차베스는 이러한 어려움에도 불구하고 지속적이고 성공적으로 개혁을 이끌고 있다. 그는 대통령을 하기 위해 선거에서 승리한 것이 아니고, 혁명을 하기 위해 선거에서 승리한 것이다. 민중을 위해 수많은 위협과 어려움을 불굴의 의지로 이겨내고 새로운 세상을 만들어 나가는 차베스의 모습은 우리에게 진정한 지도자의 모습을 보여주고 있다.

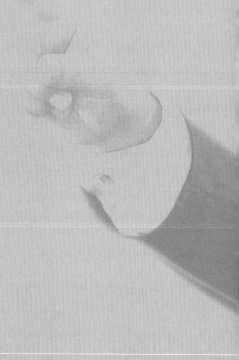

Chavez &
The Bolivarian Revolution

미 제국주의와 자본주의를 넘어 21세기 사회주의로

나는 매일 더욱 확신하게 되며 내 마음 속에는 한 점 의심도 없습니다.
이전부터 수많은 지식인들이 말해왔듯이, 우리는 자본주의를 넘어서야 합니다.
하지만 자본주의 안에서 자본주의를 넘어설 수는 없습니다.
사회주의를 통해서만, 평등과 정의가 살아 있는 진정한 사회주의를 통해서만이
자본주의를 넘어설 수 있습니다. 그리고 그러한 일은 민주주의를 통해서 가능합니다.
하지만 미국이 강요하는 방식의 민주주의는 아닙니다.

17

중남미 통합과 새로운 국제 관계

다음은 우고 차베스와 저명한 사회학자인 마르타 하르네케르 Martha Harneker와의 대담 중에서 국제 관계에 관한 내용을 발췌한 것이다. 이 인터뷰는 2001년 차베스가 새로운 국제 관계를 형성해 나가는 초기에 한 것이지만 여기서 밝힌 차베스의 구상은 지금까지도 일관되게 추진되어 오고 있다.

하르네케르 : 당신도 알겠지만 베네수엘라가 미국에 지나치게 의존한다면 베네수엘라가 수행하고 있는 혁명과정과 미국이 전 세계에 실현시키려고 하는 신자유주의적 모델 간의 심각한 모순을 불러일으킬 것입니다. 또한 세계가 다극화 체제로 변하고 있다는 측면에서 봐도 국제정치 무대에서 미국 이외의 다른 주요한 나라들과 관계를 새롭게 맺고 강화시키는 것이 필요합니다. 당신은 국제 관

우고 차베스와 피델 카스트로

계에 매우 적극적입니다. 중국이나 러시아 등 몇몇 나라들에게 경
제적·정치적인 도움을 받고 있고, 캐나다와 브라질, 멕시코 등과
좋은 관계를 맺고 있습니다.

당신은 남미와 카리브 해 지역의 국제적인 프로젝트를 새롭게
시작했습니다. 또한 OPEC 회원국들과의 관계를 중요하게 여기고,
그들과 함께 유가를 배럴당 22달러에서 28달러 사이로 고정시키는
작업을 수행했습니다. 그리고 쿠바를 비롯하여 남남협력South-South
Cooperation의 G15[1]나 77그룹[2]과 같은 개발도상국과의 관계를 강화

---

1 세계 주요 개발도상국 정상들의 회의를 말한다. 1989년 유고슬라비아 베오그라드에서 열
린 제9차 비동맹국회의 참가국 중 주요 15개국 정상들에 의해 개최되었다. 서유럽 선진국
이 유럽 중심의 문제 해결에만 관심이 있고, 남북문제나 제3세계 문제 해결에는 관심을 보
이지 않는 데 대한 대책을 협의하기 위한 것이었다. 제1차 회의는 1990년 6월 말레이시아
콸라룸푸르에서 열렸다.
합의 내용은 첫째, 회원국은 1조 3000억 달러에 이르는 개발도상국들의 누적 채무에 대한
채권국과의 교섭에서 공동방식을 채택한다. 둘째, 남남무역 확대를 위한 무역보증기구·
투자 데이터뱅크 등을 설립하기 위해 공동 프로젝트를 추진한다. 셋째, 서방과의 대화 창구
를 통일하기 위해 매년 1회씩 정기적으로 서미트 G15를 개최하는 것 등이다.

해왔습니다. 이 조직은 120개가 넘는 개발도상국을 포함하고 있는데, 당신은 이 두 국제그룹에서 의장으로 선출되기도 했습니다.

당신은 또 협력과 선의의 의미로 중미와 카리브 해 지역의 11개 국가에 특별한 가격에 석유를 제공하기로 한 협정을 맺었습니다. 쿠바와의 합의에 따르면 5만 3000배럴에 달하는 석유를 특별보상계획에 따라 쿠바에 제공하고 시엔푸에고스[3]의 정련공장을 복구하는 데에도 협력하기로 했습니다. 그 합의의 일부로, 쿠바는 베네수엘라에 의료 기기와 의료 서비스, 일반 의약품, 농업 기술, 관광 및 스포츠산업 등을 지원해 주기로 했습니다. 또한 베네수엘라는 브라질과 함께 FTAA(미주자유무역기구)에 대항하는 한편, 남미공동시장 MERCOSUR의 회원국으로 가입했습니다.

이 모든 것을 본다면 당신이 '남미의 통합이 없이는 남미의 미래는 없다'는 볼리바르의 생각을 철저하게 따르고 있다고 생각됩니다. 그래서 FTAA에 대응하는 새로운 형태의 통합, 즉 ALBA(미주지역을 위한 볼리바리안 대안)를 제안하고 있습니다. 그렇다면 이러한 통합을 구성하는 요소는 무엇이며, 구체적으로 이를 어떻게 실현시킬 생각입니까? 또 어떤 나라들이 여기에 함께 합니까?

---

2 유엔 내 개발도상국들의 연합체다. 1964년 유엔무역개발회의UNCTAD 제1회 총회가 끝날 무렵 개발도상국가 77개국이 선진국에 대한 협상 능력을 강화하기 위해 결성하였다. 원래 75개 개발도상국들의 비공식 모임이었으나 1964년 제1차 UNCTAD 총회 때 한국과 베트남이 참가함으로써 77그룹이 되었다. 1967년 알제리에서 첫 번째 각료회의가 있었다.
개발도상국은 1인당 국민소득이 많고 적음에 따라 구분되지만, 77그룹에는 1인당 국민소득이 2만 달러나 되는 산유국에서부터 1인당 국민소득이 100달러 정도인 최빈국에 이르기까지 다양하다. 1964년에 가입한 한국은 1970년 아시아지역 대표 의장국에 선출되기도 하였고, 1992년에는 의장에 공식 추대되기도 하였다. 1996년 OECD(경제협력개발기구)에 가입함으로써 이듬해 공식 탈퇴하였다. 본부는 미국 뉴욕에 있다.
3 쿠바 중부 시엔푸에고스 주州의 주도州都다.

차베스 : 볼리바르의 본래 구상을 다시 실현시키고자 노력해야 할 때입니다. 물론, 중남미 통합이 볼리바르만의 생각은 아니었지만, 그는 1824년 '파나마 동맹회의'[4]를 통해 이를 제안하고 중남미 통합을 구체적으로 추진했습니다. 1815년에 쓴 「자메이카의 편지」에서 그는 아메리카 대륙에서 하나의 강력한 연합국가를 건설해야 할 필요성을 역설하고 있습니다. 그러나 그가 정치적인 주도권을 장악하고 자신의 생각을 구체적으로 전개하기 시작한 것은 14년간의 전쟁이 끝나고 스페인으로부터 다섯 개의 나라를 해방시킨 이후, 즉 파나마 동맹회의 때부터입니다.

그는 하나의 통합된 군대를 갖는 국가연맹을 제안했습니다. 연맹 군대는 각 국가의 크기에 따라 그 국가가 파견할 수 있는 군대의 수를 정하도록 했습니다. 즉, 지금의 콜롬비아인 누에바 그라나다와 멕시코 등에는 특별히 중요한 임무를 부여하고, 그 밖의 중앙 아메리카의 작은 나라들에게는 그 보다 덜한 책임을 부여했습니다. 각 나라들이 이미 형성 단계에 접어들었기 때문에 그들 간의 차이점을 충분이 고려했던 것입니다. 하지만 궁극적으로는 하나의 통합된 육군과 해군을 갖고, 하나의 경제 체제를 갖는 것이었습니다.

그는 중남미 지역을 대표하고 실질적인 처리 능력을 갖는 하나의 정치적인 틀을 만들려는 자신의 구상에 대해 이야기 했습니다. 동시에 그는 다극화된 세계를 전망했습니다. 볼리바르는 이러한 전

---

4 볼리바르는 1824년 12월 페루에서 아메리카 대륙의 중간에 위치한 파나마에서 국제회의를 열 것을 제안했고, 그로부터 1년 반 후 1826년 6월 22일 회의가 열렸다. 파나마 회의에는 페루, 콜롬비아, 중미연방공화국, 멕시코가 참석했다. 아르헨티나는 갑작스러운 정세 변화로 대표단을 보내지 못했다. 미국은 초청되었으나 불참했다. 영국과 아일랜드는 옵서버 자격으로 대표단을 파견했다. (송기도, 「시몬 볼리바르 : '해방자'의 고뇌」)

망 속에서 카리브 해를 포함한 중남미 지역을 세계 질서에서의 유력한 축으로 만들고자 자신의 온 힘을 쏟았습니다.

우리는 그의 구상으로 돌아가려고 노력하고 있습니다. 그리고 이것이 우리가 ALBA를 구상한 배경입니다. 우리는 볼리바르의 역사적인 문헌을 재검토하고, 그의 전체적인 생각을 재확인하도록 노력해야 합니다.

볼리바르와 미국과는 심각한 차이점이 있었기 때문에 많은 문제에 부딪혔습니다. 볼리바르는 오리노코 강에서 두 대의 미국 선박을 억류한 적이 있었습니다. 그들이 스페인의 무기를 운반해주고 있었기 때문입니다. 이러한 미국과의 긴장 속에서, 볼리바르는 다음과 같은 예언적인 글을 남겼습니다. "미국은 자유라는 이름을 내걸고 라틴아메리카에 재앙을 내릴 것이다."

그가 이런 글을 남긴 때는 1824년에서 1825년 사이입니다. 앞으로 무엇이 닥칠 것인지 얼마나 잘 예견했는지 놀라울 따름입니다. 어쩌면 그는 이 주제에 대해 아직 발견되지 않은 다른 많은 글을 남겼을지도 모릅니다. 하지만 많은 볼리바르의 글은 태워지거나 바다에 수장되어 사라져 버렸지요.

그가 지금까지도 통합 과정을 겪고 있는 그 거대한 나라(미국)의 향후 행동을 의심한 것은 매우 정확한 판단이었습니다. 또한 그는 유럽에 대해서도 우려를 갖고 있었습니다. 당시 신성동맹Santa Aliaza[5]은 남미를 재식민지화하기 위해 위협을 가하고 있었습니다. 이러한 여러 외부의 정치적인 위협에 맞서기 위해서 중남미는 하나의 단일한 정치적 틀을 발전시켜야만 했습니다.

무언가 새로운 것을 하기 위해서 20세기 전반에 걸쳐 추진되었던 신자유주의적 자본주의 통합 모델의 실패를 다시금 생각해봐야 합니다. 신자유주의적 자본주의의 모델은 위로부터의 통합이며, 엘리트 중심의 통합입니다. 그리고 이것을 극복하는 것이 우리가 ALBA를 새롭게 제안하는 문제의식입니다.

내가 볼리바르보다 더 발전된 구상을 가지고 있느냐고 물었는데, 아직 갖고 있지 못합니다. 그 구상을 이 대륙, 더 나아가 전 세계의 모든 대안적인 운동들과 결합시키는 것은 우리의 책임입니다. 예를 들어 세계사회포럼World Social Forum은 각국의 대안적인 사회운동들을 보여주고 있습니다. 우리는 이러한 노력을 통해 통합의 구상을 어떻게 발전시키고 전개할 것인지를 도출해내야 할 것입니다.

나는 몇 가지 전략적인 요소들을 제안하고 있습니다. 내가 제안하는 첫 번째 요소는 각국이 기마부대를 공동으로 운영하는 것입니다. 이것이 무엇을 의미할까요? 당신도 알겠지만, 전쟁에서 기마부대는 최전선에 위치합니다. 기마부대를 후방에서 본 사람은 아무도 없을 것입니다. 후방에 위치하는 것은 육중한 캐논 포를 멀리 쏘아댈 수 있는 포병부대지요.

경제는 포병부대의 가치가 있으며, 정치는 기마부대의 가치가 있다고 비유할 수 있습니다. 그런데 우리 모두는 신자유주의적 모델이 추진된 결과로 말은 후방에 있고, 크고 작은 대포가 앞에 나와

---

5 1815년 9월 26일 러시아 황제 알렉산드르 1세, 오스트리아 황제 프란츠 요제프 1세, 프로이센 왕 프리드리히 빌헬름 3세가 파리에서 체결한 동맹이다. 제안자인 알렉산드르 1세의 비위를 거슬리지 않기 위해 터키 황제와 로마 교황, 그리고 영국 왕 이외의 모든 유럽의 군주가 이 동맹에 참가했다. 그러나 제창자의 열성에도 불구하고 다른 군주들은 신성동맹의 실효성을 의심했다. 메테르니히는 빈 체제 유지를 위해 4국동맹(러시아·오스트리아·프로이센·영국 사이의 동맹)과 함께 신성동맹을 이용하여 각국의 자유주의와 민족운동을 탄압했다. 1825년, 전 유럽적 체제로서의 동맹은 와해되었다.

있는 상황이 되어버렸습니다. 우리는 이러한 상황을 바꾸어야 합니다. 우리는 정치적인 영역을 다시 되찾아야 합니다. 정치인들이 장기적인 안목을 갖고 결정을 내리는 것이 필요한 것입니다

나는 말뿐이 아니라 실질적인 통합의 필요성을 절감하고 있습니다. 이러한 경제 통합은 '너희가 우리 것을 사준다면 우리도 너희 것을 사주겠다'는 식의 전통적인 상호주의나 관세 혹은 자유무역지대와 같은 방식을 넘어서야 합니다. 무엇보다 각국의 생산물을 실질적으로 연결시키는 것이 필요할 것입니다.

예를 들어 우리가 콜롬비아와 매우 흥미로운 협정을 맺었다고 생각해 봅시다. 베네수엘라는 구야나 지방에서 고품질의 알루미늄을 생산하고, 이것의 많은 양을 유럽과 미국에 수출합니다. 한편, 콜롬비아는 우리보다 훨씬 발달된 수중 알루미늄 처리 공장을 갖고 있습니다. 그러나 콜롬비아는 유럽이나 다른 나라들로부터 알루미늄 원자재를 구입하고 있습니다. 베네수엘라와 콜롬비아가 알루미늄과 그 가공품들을 공동으로 생산하고 이를 전 세계에 수출한다고 생각해 보십시오. 얼마나 훌륭합니까? 이것이 내가 말하고 있는 통합입니다.

내가 갖고 있는 또 다른 아이디어는 '남미석유회사'입니다. 물론 멕시코를 배제시킬 이유는 없습니다. 베네수엘라는 전 세계에서 가장 많은 석유를 보유하고 있습니다. 콜롬비아는 국내 정치의 불안정에도 불구하고 하루에 70만 배럴의 석유를 생산하고 있습니다. 에콰도르도 석유를 갖고 있지만, 무엇보다 천연가스를 많이 보유하고 있습니다. 페루도 마찬가지입니다. 볼리비아는 주로 천연가스를 갖고 있습니다. 볼리바르가 해방시킨 이 다섯 나라는 모두 석유와

천연가스와 같은 풍부한 자원을 갖고 있습니다. 여기에 브라질까지 포함시켜 봅시다. 브라질 자신은 석유나 가스를 수출하고 있지는 않지만, 역시 내수용으로 석유와 가스를 생산해서 사용하고 있습니다. 베네수엘라 바로 옆에 있는 트리니다드 토바고도 액화가스의 주요 생산국입니다. 이 지역에서 OPEC와 같은 남미석유회사를 못 만들 이유가 없습니다. 그러나 여기에 기마부대의 문제가 발생합니다. 말이 어디에 있습니까? 누가 결정을 내리고 있습니까?

우리는 지금까지 계속 이러한 주장을 해왔고, 아직까지 이에 대답을 주고 있는 나라는 브라질뿐입니다. 우리는 브라질과 함께 구체적인 문서들을 작성하고, 지속적으로 만나고 있습니다. 하지만 아직까지 이 지역의 다른 나라들로부터는 별다른 응답을 듣지 못했습니다.

우리는 종이생산을 위해 펄프를 사용하는 프로젝트도 갖고 있습니다. 베네수엘라와 콜롬비아는 펄프 수출국입니다. 그러나 이 두 나라에서 필요한 모든 펄프를 생산하는 데 쓰이는 카리브 소나무숲은 600헥타르에 불과합니다. 우리는 펄프를 생산하고 종이를 만드는 공장을 짓도록 노력해야 합니다.

우리에게는 강이 있습니다. 강은 자연의 힘으로 넘쳐납니다. 하지만 우리는 이러한 강의 힘을 조절할 수 있는 능력을 갖고 있지 못합니다. 아직 운하나 댐 등을 짓지 못하고 있기 때문입니다. 우리는 매우 풍요로운 자연자원을 갖고 있습니다. 메타 강은 콜롬비아와 베네수엘라를 모두 지나는데, 이는 오리노코 지역의 자원이기도 합니다. 이 강을 따라 양쪽 편에는 거대한 목장으로 무한한 잠재력을 갖고 있는 사바나가 펼쳐집니다.

우리가 함께 전개하려는 이 프로젝트들, 얼마나 대단합니까! 그러나 우리는 통합을 위한 모델을 전개하는 초기 단계를 놓치고 있습니다. 우리는 몇 차례나 안데스 공동체ANCOM[6]의 정상회담을 제안했는데, 항상 정치적인 이야기만 했습니다. 경제 통합에 대한 이러한 구상은 1999년 카르타헤나에서 합의되었지만, 실질적인 회담은 고의적으로 무산되었습니다.

아마 어떤 사람들은 국가 원수들이 모여서 정치 통합에 대해 논하는 것에 관심이 없을 것입니다. 나는 기술적인 측면이나 형식적인 문서에 대한 이야기, 장관들에 대한 이야기, 자유무역과 단지 정치적인 이야기들은 그만하자고 제안했습니다. 그러나 첫 해에는 서로에 대한 조정이 부족하여, 이러한 제안이 실현되지 못했습니다. 이 당시만 해도 경제 통합에 대한 논의가 실현되지 못한 것은 각국의 정상들의 고의적 책임은 아니었습니다.

하지만 그 다음 해에 그들은 회담 자체를 고의적으로 무산시켰습니다. 우리의 합의는 아직 완수되지 못했다고 줄기차게 주장하고, 새로운 날을 잡아 모일 것을 제안했습니다. 그리고 이에 대해 모두가 동의하기는 했지만 한 날짜로 의견이 모아지지는 않았습니다. 나는 12월 9일과 10일 베네수엘라의 쿠마나에서 모일 것을 제안했습니다. 이는 수크레Antonio José de Sucre와 아야쿠초 전쟁[7]을

---

6 남아메리카의 콜롬비아, 페루, 에콰도르, 볼리비아, 칠레 5개국이 1969년 콜롬비아의 카르타헤나에서 조약 조인으로 발족한 지역적 경제통합체다. 1973년에 베네수엘라가 가맹했고, 1976년에는 외자규제에 반대하여 칠레가 탈퇴했다. 멕시코는 준가맹국이다. ANCOM은 라틴아메리카 자유무역연합LAFTA 내의 중소국가인 안데스그룹이 브라질, 아르헨티나, 멕시코와 같은 LAFTA 내의 대국에 대항하여 그룹의 입장을 개선하고, 국내 시장 협소로 인한 불이익을 극복하기 위해 결성되었다.
7 1824년 12월 9일 스페인에 대항한 독립전쟁을 말한다. 페루, 볼리비아 독립의 계기가 되었다.

기념하기 위함이었습니다. 쿠마나는 수크레가 태어난 곳입니다.

일단 그 주장에 의견이 모아지자 우리는 각국 정상들 간의 향후 정치 통합에 관한 문서작업을 시작했습니다. 그러자 무슨 일이 일어났는지 아십니까? 우리는 그 회담의 몇 개월 전부터 장차관급 회의를 여러 차례 추진했지만, 이상하게도 다른 남미국가들에서는 아무런 일도 일어나지 않고 있었습니다.

우선 나는 볼리비아를 이틀 일정으로 공식방문 했는데, 거기에서 나를 지지하는 대중적인 시위가 있었습니다. 그것은 정말로 놀라웠고 나는 그런 종류의 시위를 처음 접해 보았습니다. 다른 나라를 지지하는 아주 강력한 대중적인 시위였으니까요. 그때가 2000년이었습니다. 그러한 시위 때문에 볼리비아 정부는 조금 불편해 했지만, 직접적으로 그 시위에 대한 이야기를 꺼내지는 못했습니다. 나는 볼리비아를 떠나 브라질로 향했습니다. 그러고 나서 며칠 후에 내가 비밀리에 키스페Kispe를 포함한 두 명의 원주민운동 지도자를 만났다는 루머가 나돌기 시작했습니다. 그리고 내가 볼리비아 코카 재배 농민들의 고속도로 점거 시위에 자금을 대주었다는 이야기도 있었습니다. 그러고 나서 몇 주 후 몇 명이 죽고, 볼리비아 정부는 이 농민들에 대해 포위공격을 선포하고 나섰습니다. 정말로 내가 화염에 휩싸여 있는 그곳에 가서 키스페를 만나고, 돈을 제공하고, 무기까지 제공했다는 말이 사실이라면, 물론 나의 책임이겠지요.

이러한 흑색선전은 이곳에서 일어났던 카라카소와 비슷합니다. 카라카소가 있기 20일 전에 피델 카스트로가 페레스 대통령의 취임식 때문에 이곳에 왔습니다. 나중에 그들이 우리 군대에게 뭐라고 이야기했는지는 알 것입니다. 카라카소는 피델의 책임이라는 이

야기지요. 피델 일당이 200여 명의 쿠바 인들과 함께 와서 그들을
이곳 카라카스 주변 산동네에 남겨두었고 그들이 카라카소를 선동
했다는 것입니다. 아무튼 더 이상의 혼란을 원하지 않았던 반세르
Hugo Banzer(전 볼리비아 대통령)는 정상회담에 참석하지 않겠다고 이
야기했습니다. 내가 볼리비아에서 일어난 일련의 문제들에 원인을
제공했기 때문이라는 것이지요.

에콰도르에서는 회담이 열리기 몇 주 전, 내가 루시오 구티에레
스Lucio Gutierez[8]를 지원하는 한편 다른 군대가 노보아Albaro Noboa[9]
에 반대하는 군사행동을 계획하도록 무기와 자금을 대주고 있다는
루머가 나돌기 시작했습니다. 물론 노보아도 참석하지 않겠다고 해
왔습니다. 페루 대통령인 파니아가Una Paniagua 역시 페루를 떠나기
힘들고 대신 페레스 데 쿠에야르Pérez de Cuellar(페루의 외교관)를 보내
겠다고 했습니다. 그러나 그 역시 블라디미로 몬테시노스Vladimiro
Montesinos[10]가 베네수엘라에 은신해 있다는 것을 이유로 회담 참석
을 거부했습니다. 콜롬비아의 파스트라나Andres Pastrana는 자국의
게릴라들을 우리가 지원하고 있다는 루머에도 불구하고 회담에 참
석할 수 있을 것이라고 이야기 했습니다. 그런데 다른 나라들이 모

---

8 2002년 12월 대선에서 당선된 에콰도르 대통령이다. 초기에 좌파적인 슬로건으로 당선되
었으나 집권 후 친미 정책으로 선회했고, 측근 비리와 유혈사태 등으로 2005년 4월 축출
되어 브라질로 망명했다.
9 2000년 1월부터 2003년 1월까지 재임한 에콰도르 대통령이다.
10 후지모리 전 대통령이 집권한 10년 동안 국가정보부장으로 재직하며 페루를 뒤흔든 막후
실력자이다. 2000년 9월 그가 야당의원을 돈으로 매수하는 비디오가 폭로되어 후지모리
전 대통령의 몰락을 촉발했다. 몬테시노스는 비디오가 공개된 뒤 파나마로 도주했으나
망명 신청이 거부돼 다시 국내로 잠입했다. 그는 군 수뇌부를 동원해 쿠데타 협박을 벌이
다 여의치 않자 10월 에콰도르와 코스타리카를 거쳐 베네수엘라로 도주하여 은신해 왔
다. 2001년 6월 23일 베네수엘라의 수도 카라카스에서 체포됐다.

두 참석해야 한다는 조건을 달았습니다.

당신도 짐작하겠지만, 우리는 회담을 연기할 수밖에 없었습니다. 우리는 회담을 개별적으로 제안하려고 노력했지만 또 그들이 자신의 약속을 지키지 못하는 것에 한탄했습니다. 앞으로도 마찬가지일 것입니다. 우리가 정치 통합에 대한 문제를 처리하는 것은 중요하지만 또 매우 어려운 일입니다.

당신은 나에게 어떤 나라들이 그러한 구상을 지지하고 있느냐고 물었습니다. 사실 현재로서 남미에서 이를 지지하는 나라는 없다고 생각합니다. 다만 피델이 나에게 이야기 했지요. 내가 믿을 곳은 쿠바밖에 없다고.

회담에 참석했던 몇몇 정상들, 특히 카리브 해 동부의 나라들은 자국의 이해관계를 이야기 했습니다. 그러나 나는 다시 한 번 이야기 할 것입니다. 그 구상을 제안했던 우리 중 누구도 그것을 발전시키기 위한 구체적인 무언가를 갖고 있지는 못하다고 말입니다. 우리는 이 문제를 정말로 열심히 다루어야 합니다. 이것이 진정한 대안이라고 생각되기 때문입니다. 나는 FTAA가 해답이 아니라고 확신합니다. 그래서 우리는 다른 대안을 모색해야만 합니다. 이에 대해 볼리바르가 우리에게 도움을 줄 것입니다.

18

석유를 통한 차베스의 국제 정치

차베스는 2006년 노동절인 5월 1일을 기해 모든 자원에 대한 국유화를 선언했다. 이에 따라 외국 기업들이 참여해 온 유전 32곳의 협정은 전부 무효가 되었고, 동시에 베네수엘라 국가에 최소한 60퍼센트 이상의 지분을 부여하는 새 합작투자협정으로 전환됐다. 그뿐아니라 석유 채굴 세금을 신설할 것이라고 밝혔고, 베네수엘라 의회는 오리노코 강 일대를 중심으로 서방 석유사들이 주도권을 갖고 있는 베네수엘라의 4대 유전 프로젝트의 소유 구조를 바꾸는 입법을 추진키로 했다.

석유를 둘러싼 국내 기득권 세력과의 전쟁

석유산업을 둘러싸고 차베스가 국내 기득권 세력과 벌인 싸움은 앞에서도 여러 번 언급했다. 베네수엘라 경제에서 석유산업과 PDVSA가 차지하고 있는 위치 때문에 차베스가 PDVSA의 경영권을 장악하는 문제는 정치적인 권력을 장악하는 데 매우 중요했다. 결국 차베스는 반대파의 저항을 물리치고 PDVSA를 장악했고 이후 본격적으로 자원의 국유화를 추진했다.

차베스는 2005년부터 17개 외국 기업과의 사업 계약을 폐기하고 합작기업으로의 전환을 추진했다. 그 핵심은 유전에 대해 PDVSA가 60퍼센트 이상의 지분을 갖고 경영권을 행사함과 동시에 외국기업에게 탐사와 정유설비 투자를 공동으로 부담시키는 것이었다. 그리고 로열티는 16.6퍼센트에서 33.3퍼센트로, 법인세는 34퍼센트와 50퍼센트로 상향조정되었다.

베네수엘라 정부의 일방적인 결정에 일부 외국 기업이 반발하기도 했지만 별 소용이 없었다. 실제 엑손모빌이 머뭇거리는 동안 스페인 정유회사인 렙솔RAPSOL이 차베스가 제시한 조건으로 사업을 인수했다. 그리고 이탈리아의 ENI, 프랑스의 TOTAL을 제외한 모든 기업이 합작회사 설립에 합의한 상황이다.

베네수엘라가 성공적으로 외국계 유전을 국유화할 수 있었던 이유는 고유가 때문이다. 베네수엘라 석유 생산 비용은 배럴당 8달러 수준이기 때문에, 배럴당 유가가 35달러 수준만 유지된다면 33.3퍼센트의 로열티와 50퍼센트의 법인세를 빼더라도 생산 비용만큼의 기업 순이익을 남길 수 있다. 최근 78달러까지 치솟은 국제 유가를 감안한다면 여타의 비용을 추가로 부담하더라도 차베스의 요구를 들어주지 않을 이유는 없는 것이다. 배럴당 70달러만 생각하더라도 기업으로 돌아가는 몫은 20달러가 넘는다.

OPEC 산유국들과의 협력

차베스가 외국계 유전의 국유화에 성공한 배경은 최근 지속되고 있는 국제 유가의 고공행진에서 비롯된 바가 크다. 그러나 이것이 단순하게 차베스의 운 때문만은 아니다. 차베스가 국내에서 기득권 세력과 벌인 일대 전쟁, 즉 PDVSA의 부패한 경영진과 어용노조를 축출한 것이 큰 역할을 했다. PDVSA는 그동안 OPEC의 석유 할당제를 지키지 않으면서 미국의 요구에 맞추어 산유량을 증가시켜왔다. 차베스 취임 당시 석유 가격의 폭락도 베네수엘라의 PDVSA가 산유량을 엄청나게 증가시켰기 때문이다. 베네수엘라 PDVSA가 미국의 요구에 따라 산유량을 조절하는 상황에서 OPEC는 유명무실할 수밖에 없었다.

차베스는 국내에서 기득권 세력과 싸우는 동시에 OPEC의 협력을 강화시켜왔다. 그리고 이것이 결국 외국계 유전을 국유화하고, 자국의 자원으로부터 발생하는 이윤을 혁명과 개혁을 완수하는 밑거름으로 사용할 수 있게 한 것이다. 차베스는 1999년 대통령 취임 직후 베네수엘라에서의 OPEC 생산 쿼터를 엄격히 적용시켜나갔다. 그리고 OPEC의 위상을 회복하기 위해 외교적인 노력을 기울였다. 2000년 8월 OPEC 국가 순방에 나섰고, 미국은 물론 사우디아라비아, 리비아의 반대에도 불구하고 이라크를 공식 방문했다. 이러한 외교적인 노력의 결과로 차베스는 2000년 OPEC 의장에 취임했고, 미국이 추진하던 저유가 정책에 대항하여 석유감산 쿼터에 대한 합의를 이끌어냈다.

OPEC의 정치적 강화를 위한 노력

차베스는 OPEC의 경제적 협력에서 한 발 더 나아가 '정치적 강화'를 실현시키고자 노력하고 있다. 차베스는 지난 2006년 6월에 열린 OPEC 각료회담에서 석유감산 주장과 함께 "OPEC는 반反식민주의, 반反제국주의 기구로 중남미와 아프리카, 아시아에서 우리들 국민의 발전을 위한 해방 기구"라고 말했다. 그동안 선진국의 산업화를 위해 석유를 제공하면서도 정작 아시아, 아프리카, 중남미의 민중들은 저개발에서 벗어나지 못했다는 것을 강조하면서 자원 개발의 주권을 확보하고, 세계의 균형적인 발전을 위해 석유를 적절하고 정당하게 공급해야 한다는 것이다.

이러한 차베스의 주장은 단지 정치적인 수사에 그치는 것이 아니다. 우선 원유 대금 결제 통화를 달러 화에서 유로 화로 변경시키고 원유 가격 역시 달러 화가 아닌 유로 화로 표시해야 한다고 주장했다. 이는 '달러 화의 독재'를 막아내기 위한 방안이다. 차베스는 미국 제국주의는 결국 패망할 것이라는 발언도 서슴지 않는다. OPEC 내에서 미국의 입장을 가장 충실히 반영해 왔던 베네수엘라가 미국 주도의 세계 질서에 가장 적극적으로 대항하고 있는 것이다.

한편, 차베스는 OPEC 회원국의 수를 늘려야 한다고 주장하고 있다.[11] 우선 인접한 남미 국가인 에콰도르가 다시 OPEC에 가입한다면 이를 적극적으로 지지할 것이며, 베네수엘라의 정유공장을 이용

---

11 OPEC의 회원국은 현재 알제리, 나이지리아, 리비아, 베네수엘라, 이란, 이라크, 쿠웨이트, 사우디아라비아, 카타르, 아랍에미리트, 인도네시아 등 11개국이다. 에콰도르는 1973년에 가입했다가 1992년에 탈퇴했다.

하여 정유된 생산품을 판매하여 큰 수익을 얻도록 도울 것이라고 말한다. 에콰도르뿐 아니라 그 밖의 저개발 산유국들이 OPEC에 가입하여 OPEC의 외연을 확대시키고, 나아가 여러 가지 국제적인 사안에 대해 영향력을 확대시켜야 한다는 입장을 밝히고 있다.

물론, 이러한 차베스의 주장이 OPEC 내에서 당장 받아들여질 가능성은 높지 않다. 하지만 차베스는 현재 자신이 처한 상황과 조건에서 석유의 적절하고 정당한 분배를 위해 여러 가지 노력을 기울이고 있고 석유를 통해 많은 정치외교적 문제를 해결하려고 하고 있다.

석유의 정당한 분배

"우리는 사회주의자입니다. 우리는 사회주의를 건설 중입니다. 사회주의는 우리의 영혼에서 시작됩니다. 사회주의에는 휴머니즘이 배어 있어야 합니다. 사랑을 할 수 없다면 사회주의자가 될 수 없습니다."

2006년 5월 14일 영국의 런던을 방문한 차베스는 좌파 지식인과 정치인 그리고 수많은 민중들의 환호를 받으며 3시간에 걸쳐 연설했다. 이 자리에서 사회주의에 대한 지향을 명확히 했고, 지지자들을 향해 "여러분의 지지와 베네수엘라의 힘으로 미국을 뒤엎겠다"고 공언했다.

유럽에서 중남미 지도자가 이처럼 열렬한 환호를 받은 것이 흔하지는 않았는데, 유럽의 사회주의에 대한 전통과 반미 정서 때문이기도 하겠지만, 차베스의 국제적이고도 구체적인 정책 때문이었을 것이다. 차베스는 런던 방문 직전 유럽연합-중남미 정상회담을 위해 오스트리아에 머물면서 사회단체 및 비정부기구 관계자들과의 모임에 참석해서 유럽의 빈민들에게 난방유를 싸게 공급하겠다는 계획을 밝혔다.

이러한 제안은 빈말이나 정치적인 수사로 받아들여지지 않았다. 차베스가 실제 이와 유사한 일들을 추진해왔기 때문이다. 차베스는 지난 2005년 겨울 뉴욕 주, 메사추세츠 주, 메인 주 등 미국 동부 지역 빈민층에게 난방유를 정상 가격보다 40퍼센트 할인된 가격에 공급했다. 뉴욕에만 모두 3000만 리터(800만 갤런)의 난방유를 세 개 비영리 주택개발기관에 판매했으며, 2006년 4월까지 모두 10만 명의 빈민들이 혜택을 보았다. 이러한 사업은 애초 미국 정치권의 요청으로 시작되었으나 베네수엘라의 정유회사인 시뜨고Citgo만 여기에 응했다. 게다가 정작 베네수엘라가 미국의 빈민들에게 난방유를 저가에 공급하자 미국 정부가 한 일은 차베스의 '석유 퍼주기'를 무책임하다고 비난하는 것뿐이었다.

토니 블레어 영국 총리도 차베스의 제안을 무책임한 석유 퍼주기라 비판하며 베네수엘라의 빈민들을 걱정하는 척했다. 하지만 블레어 총리와의 노선 갈등으로 탈당한 노동당 좌파인 리빙스턴 런던 시장은 라틴아메리카의 민주주의와 사회진보의 등대라며 차베스의 난방유 공급 제안을 수락했다. 제레미 코빈 노동당 당수는 남미 좌파들이 빈부의 격차를 줄이기 위해 베네수엘라에서 펼치는 개혁에 관심이 많다며 블레어 총리와 영국 정부는 라틴아메리카에서 개혁의 바람이 어느 방향으로 불고 있는지 유의해야 한다고 논평했다.

석유를 통한 라틴아메리카의 통합

베네수엘라는 세계에서 석유 매장량이 가장 많으며, 가스 매장량도 대륙에서 가장 많다. 우리는 이것을 대륙의 동서남북으로 공유하기를 원한다. 그리고 일차적으로는 우리의 이웃과 자매 국가와 공유하고 싶다. 우리는 매우 많은 가스와 석유를 가지고 있지만 도미니카 공화국에서는 정전사태가 빈번하다. 이것은 불공평하다. 브라질 북부 지역민들은 그들의 발전을 위한 에너지를 가지고 있지 않고, 콜롬비아도 마찬가지다. 아이티는 병원에 전력을 공급하기 위한 발전소에 댈 석유조차 없으며, 그레나다도 그렇고, 그 주변국들도 그렇다. 베네수엘라는 볼리바리안 정신을 말로만 하는 게 아니라 실제로 복원해왔으며, 우리는 자유로워지기 위해서 하나 되어 그것을 실제로 증명하고 싶다

— 차베스의 도미니카 공화국 방문 연설 중에서

석유를 통한 차베스의 국제 정치는 중남미의 정치적인 통합을 촉진시키고 있다. 가장 대표적인 것은 카리브 해 석유동맹(Petro Caribe, 페트로 카리브)으로 카리브 해 지역 국가 간 에너지 정책의 협조와 화합을 보증하는 단체로 구상되었다. 차베스 정부는 2005년 6월 29일 베네수엘라 동부의 푸에르토 라 크루스에서 열린 카리브 해 국가 에너지 정상회담에서 카리브 공동체인 카리콤CARICOM[12]

---

12 카리브 해 연안 국가들의 지역 공동체로, 역내 국가의 경제 개발과 외교 정책을 조율하고 NAFTA(북미자유무역협정) 등의 지역통합화에 대응하여 카리브 국가들의 공동 이익을 보호하기 위해 1973년 창설됐다. 2002년 7월 현재 회원국은 15개국이다.

15개 국가에 이 혁신적인 방안을 제안했고, 13개 국가가 합의했다. 카리브 해 석유동맹은 석유뿐 아니라 석유 생산물, 가스와 전기 등의 에너지 전반을 포함하고 있다. 그리고 이들 자원을 효율적으로 사용하기 위해 기술 협력, 훈련, 에너지 기반 시설의 확충과 대체 에너지 사용에 대한 공동의 노력도 다루고 있다.

미국과 유럽의 빈민들에게 저렴한 가격으로 난방유를 공급하는 것과는 분명 다른 구조다. 베네수엘라는 구호 목적이 아닌 국가 간 거래에서는 석유를 OPEC의 시장 가격보다 낮게 팔지 않을 것임을 분명히 했다. 대신에 카리브 해 석유동맹에서는 대금 지급을 일정 부분 연기하는 것이 가능하다. 석유를 구매한 동맹 국가들은 25년 간 1퍼센트의 신용차관으로, 유가 수준에 따라 대금의 40퍼센트~50퍼센트를 연기할 수 있다.

게다가 석유 대금은 현금이 아니라 상품과 서비스 등으로 지불할 수도 있다. 이미 베네수엘라와 쿠바는 이러한 새로운 방식의 국제무역을 수행하고 있다. 베네수엘라는 매일 9만 배럴의 원유를 쿠바에 제공하는 한편, 쿠바는 1만 4000명이 넘는 의료진을 베네수엘라의 빈민가에 파견하여 무료 건강진료소를 운영하고 있다. 물론 이 협정에 내재되어 있는 국가 간 연대의 원칙에 따라 설탕이나 바나나 등의 상품으로 상환될 수 있다.

선진국의 빈민들에게 저렴한 가격에 난방유를 공급하는 것이 인권적인 측면, 그리고 선진국에 대한 정치적인 압박을 의미한다면, 차베스가 추진하는 카리브 해 석유동맹은 보다 더 정치적이며 중남미 통합의 전망과 대안적인 국제 관계의 원형을 제시하는 것이다. 실제로 끊임없이 요동치는 국제 원유 가격에 가난하고 작은 석유 수입국들은 무력할 수밖에 없었고 이 지역에서의 석유 공급은 소수의 투기꾼에 의해 크게 영향받아 왔다. 특히 관광산업에 대한 의존도가 높은 카리브 해 국가들은 석유의 안정적인 공급이 국가 경제에 필수적인 요소다.

그레나다의 수상은 카리브 해 석유동맹의 결과로 매년 1000만 달러에서 1500만 달러가량의 이익이 생겨날 수 있다고 강조했다. 안티구아 바브다의 수상은 카리브 해 석유동맹의 추진에 감격하여 다음과 같이 말했다고 한다. "카리브 해 석유동맹은 허약한 우리 경제 상황에서 에너지 가격 변동의 충격을 상쇄할 수 있는 획기적인 방법이며, 베네수엘라의 안정적인 자원 공급은 카리브 해 국가들에 매우 중요한 역할을 할 것이다."

그간 차베스는 미국 등 외국 에너지 대기업들의 막강한 영향력에 맞서 역내 국가들 사이에서 에너지 컨소시엄을 구축해야 한다고 주장해왔고 실제로 끊임없이 노력하고 있다.

2006년 1월 베네수엘라의 차베스와 브라질의 룰라Lula, 아르헨티나의 키르치네르Kirchner가 정상회담을 갖고 남미 통합에 대한 틀을 만들어 내는 것에 합의했다. 주목할 만한 것은 협력의 범위를 군사안보부문으로 확대한 것이다. 이들은 회담에서 지역 안보기구의 창설과 함께 북대서양조약기구NATO군과 비슷한 공동방위군도 만들기로 했다. 또한 1000억 달러 기금을 목표로 한 '중남미은행' 설립도 논의했다. 그러나 무엇보다 남미 통합의 중심축을 이루고 있는 것은 역시 에너지를 통한 경제 협력이다. 베네수엘라, 브라질, 아르헨티나의 정상은 1만 킬로미터에 달하는 3개국 연결 천연가스관 건설에 합의했다.

그리고 2006년 4월 차베스는 파라과이 수도 아순시온에서 볼리비아, 파라과이, 우루과이 3개국 정상들과 만나 역내 천연가스 수송관 연결의 중요성을 지적하며 실질적 경제 통합을 예정대로 추진할 계획임을 강조했다. 차베스는 카리브 해 국가들에 대해 석유의 안정적인 공급을 약속하는 카리브 해 석유동맹을 결성함과 동시에 남미에서는 각국의 적극적인 참여를 조금 더 강조하며 상호 협력을 추진하고 있다.

차베스는 현재의 해상 수송로를 육상 수송관으로 대체하면 수백만 달러를 절약할 수 있고 이를 재원으로 사회의 인프라를 구축하는 것과 빈민 지원 등에 투자할 수 있을 것이라고 지적하며, 경제적 이익의 성과를 어떻게 사용해야 하는지 그 목적을 분명히 밝혔다.

베네수엘라-브라질-아르헨티나의 천연가스 수송관과 볼리비아-파라과이-우루과이 천연가스 수송관이 남미를 X자로 잇게

1960년	중남미자유무역연합(LAFTA) 출범 중미공동시장(MCCA) 출범
1969년	안데스공동체(CAN), 안데스공동시장(ANCOM)
1973년	카리브공동체(CARICOM) 출범
1991년	중미통합체계(SICA) 출범 남미공동시장(MERCOSUR, 메르코수르) 출범
1994년	1월 북미자유무역협정(NAFTA) 발효 6월 멕시코 베네수엘라 콜롬비아 G-3 자유무역협정 체결
2004년	10월 남미자유무역지대(SAFTA) 출범 12월 12개국 남미국가공동체(CSN) 출범
2005년	7월 중남미 판 알자지라 '텔레수르Telesur' 첫 방송 9월 카리브 해 석유동맹(Petro Caribe) 출범
2006년	1월 브라질, 아르헨티나, 베네수엘라 중남미 판 나토 군 창설 협의

[남미 공동체 주요 일정]

된다면, 그것은 분명 단순한 에너지 협력을 넘어 남미 통합의 새로운 힘으로 작용할 것이다.

차베스의 에너지를 매개로 한 지역 통합 노력은 카리브 해와 남미를 넘어 중미권 국가들에서도 구체적으로 추진되고 있다. 차베스는 멕시코, 콜롬비아 등을 포함한 중미권 10개국 정상들과 지난 2006년 7월 11일 파나마에서 정상회담을 갖고 하루 기준 최대 36만 배럴 생산 규모의 공동 정유공장과 액화천연가스LNG 공장 건설, 멕시코와 파나마를 연결하는 파이프라인 건설 등의 중미권 에너지 통합을 논의했다. 이 정상회담은 2006년 7월 초 베네수엘라와 콜롬비아 간에 시작된 가스관 건설 직후에 이루어진 것이며, 콜롬비아 역시 이 가스관 건설이 중미권에 중요한 영향을 미칠 것이란 점을 강조했다.

새로운 국제질서를 향하여

200년 전 남미 해방의 아버지인 볼리바르는 남미 통합의 아버지가 되지는 못했지만 그가 이루지 못한 꿈을 차베스가 이룰 수 있을까.

차베스의 국제 정책은 아주 솔직하면서 일관되어 있다. 각국의 주권을 강조하며 미국과 명확한 대립선을 긋고 있다. 일각에서는 자원 민족주의라 비판하기도 하지만, 사실 차베스가 추진한 것은 자원의 주권을 해외의 초국적 자본으로부터 환수한 것이고, 오히려 그 성과를 민족주의를 넘어 전 세계의 민중들과 함께 나누고자 하는 것이다. 민족주의라 비판받아야 할 이들은 '베네수엘라 먼저' Primero, Venezuela라는 슬로건을 내걸고 고유가의 이익을 독점하려는 베네수엘라의 보수기득권 세력이다.

일방적인 퍼주기라는 비판을 감수하면서도 국제적인 협력만이 국내에서의 혁명을 완수할 수 있는 무기임을 그는 잘 알고 있다. 실제로 PDVSA를 비롯한 기득권 세력과의 전면적인 싸움을 통해 국내에서 각종 빈민구제 프로젝트를 수행하는 데 필요한 자금을 획득할 수 있었고, 또 한편으로는 OPEC 등의 산유국과의 협력을 통해서 이를 유지할 수 있었다. 물론, 이 과정에서 미국과의 마찰과 대립은 필연적이었으나 차베스는 이를 피하거나 감추려 하지 않았다.

또한 차베스의 국제 정책은 아주 구체적이면서 실용적이다. 아주 구체적인, 석유라는 무기를 통해 각국에 구체적인 이익을 제시하면서 접근하고 있다. 국제 사회에서 통용되는 원리는 각국의 이해임을 고려할 때 차베스의 국제 전략은 가장 구체적이기 때문에 가장 실용적인 방식인 것이다. 정치적인 성향이 비슷한 쿠바의 카스트로, 볼리비아의 모랄레스 등과는 더욱 높은 수준으로 협력을 강화하고 중남미의 다른 국가들과는 각국의 상황과 수준에 맞게 지원하는 등 다층적인 연대와 협력을 추진하고 있다. 이른바 '중도좌파' 및 '신자유주의적 좌파'로 분류되는 아르헨티나, 브라질 등과의 갈등 관계도 적절하게 풀어가면서 협력하고 있는 것은 이를 가장 잘 보여주고 있다.

아르헨티나의 네스토르 키르치네르 대통령이 IMF의 부채를 조기에 갚고 독자적인 외교노선을 추구할 수 있었던 데는 차베스의 아르헨티나 국채 매입과 유리한 조건의 원유 제공이 톡톡히 작용했다. 또한 차베스는 볼리비아 모랄레스의 천연가스 국유화 선언 이후 악화된 볼리비아와 브라질과의 관계도 적극적으로 중재하여 개선시켰으며, 브라질이 주도하는 남미공동시장에 가입하여 새로운 차원에서 남미 통합의 가능성을 발전시키고 있다.

중국, 인도와의 협력을 강화하는 것도 차베스의 실용주의적인 국제 정책의 한 방향이다. 그동안 베네수엘라는 석유 생산량의 80퍼센트를 미국에 수출해왔다. 이러한 상황에서는 아무리 반미 정책을 구사하더라도 미국에 대한 경제적 의존을 벗어날 수 없다. 차베스는 2004년 12월 중국의 후진타오 총리와 만나 유전공동개발을 포함한 일련의 무역협력 협정을 체결하였고, PDVSA는 2005년 6월 20일 중국으로 향하는 유조선에 180만 배럴의 석유를 선적한 이후 매일 16만 8000배럴의 석유를 수출해왔다. 이에 중국 측은 베네수엘라 농업 발전을 위해 총 4000만 달러까지의 신용 대출을 비롯해 차베스 정부의 위성 발사 계획 원조, 베네수엘라의 철도 건설 지원 등을 약속했다.

PDVSA는 최근 중국산 유조선 18척을 구입하기로 하는 한편, 중국으로의 원유 수출을 하루 30만 배럴로 늘릴 계획을 발표했다. 또한 중국과 인도 등 아시아에 대한 원유 수출 비중을 현재 15퍼센트에서 45퍼센트까지 늘릴 계획이다.

석유 가격의 비밀

OPEC의 산유국들이 단합을 해서 유가를 방어하려 한다는 뉴스를 들으면 많은 사람들은 짜증이 날 것이다. 산유국들 때문에 석유 값이 올랐다고 생각하니 말이다. 그러나 과연 진실은 어떤 것일까?

2006년 8월 9일 배럴당 국제 원유 가격은 75달러였다. 그렇다면 이것은 얼마나 비싼 것일까? 1배럴은 159리터이므로 리터당 47센트 정도다. 우리 돈으로 따지면 리터당 400원인 셈이다. 같은 날 가솔린의 국제 유가는 배럴당 88달러다. 이것이 사상 초유의 고유가 시대의 국제 원유 가격이다. 그럼 원유를 가공한 석유 제품은 비쌀까? 가솔린은 리터당 55센트다. 역시 우리 돈으로 500원을 넘지 않는다.

그런데 같은 날 국내 주유소의 공식적인 가솔린 가격은 리터당 1544원이었다. 국제 가솔린 가격보다 세 배가 넘는 가격에 팔리고 있는 것이다. 도대체 왜 이런 가격 차이가 나는 것일까? 또한 각 나라마다 석유 제품의 가격도 다르다. 이는 각 정부가 가솔린 같은 석유 제품에 부과하는 세금이 다르기 때문이다.

그렇다면, 우리나라의 상황은 어떨까? 짐작하겠지만 우리나라에서도 석유 제품에 많은 세금을 부과하고 있다. 소비자 가격에서 판매 단계의 세금이 차지하는 비중은 2006년 7월 기준으로 각각 휘발유 65퍼센트, 등유 34퍼센트, 경유 49퍼센트, 자동차용 부탄은 44퍼센트를 차지하고 있다. 국내 휘발유의 가격과 세금 비중은 OECD 회원국 중 상위권에 속하며, 세금 비중은 영국, 독일, 프랑스에 이어 세계 4위로 OECD 비산유국 평균인 63.9퍼센트보다도 높은 편에 속한다. 결국 OPEC가 담합하여 가격을 높인 것이 아니라는 것을 알 수 있다.

OPEC를 비롯한 저개발 산유국들의 유가관리 정책이 석유 소비국인 선진국들의 일방적인 논리에 의해 과도하게 매도당하고 있는 것은 아닌지 생각해 볼 필요가 있다. 턱없이 싼값에 석유를 공급하여 무분별하고 불균형하게 지구를 개발할 것이 아니라 세계의 균형 있는 발전을 위해 석유를 적절하고 정당하게 공급해야 한다는 차베스의 주장이 어떤 의미인지 조금 더 깊이 있게 다가온다.

19

차베스, 미 제국주의와 맞짱뜨다

베네수엘라의 혁명 과정인 볼리바리안 혁명Bolivarian Revolution은 스페인에 맞서서 남미를 해방시키고 남미의 통합을 시도했던 해방자 시몬 볼리바르의 이름을 딴 것이다. 차베스가 베네수엘라의 혁명을 시몬 볼리바르를 따르는 볼리바리안 혁명으로 이름 지은 것은 매우 큰 의미가 있다. 스페인은 물러갔지만 미 제국주의는 지금도 남미를 자기의 뒷마당쯤으로 여기면서 정치적으로 경제적으로 남미의 민중들을 착취하고 억압하고 있다. 차베스는 이러한 상황에서 남미 국가들이 미 제국주의에 맞서서 단결해야 진정한 해방을 이룰 수 있다는 생각을 가지고 있다. 볼리바리안 혁명이라는 이름에는 그와 같은 생각이 담겨 있는 것이다.

차베스는 당선 이후 지속적으로 반미 외교를 펼치고 있다. 취임 후 미국의 반대에도 불구하고 이라크의 후세인 대통령을 방문했고,

부시 정권의 이라크 전쟁에 대해 지속적으로 강력하게 비판했다. 최근에는 이란을 방문해서 이란 핵개발에 대해 지지를 표명했으며 IAEA 총회에서 이란에 대한 안보리 결의안 회부에 베네수엘라 대표만이 유일하게 반대표를 던졌다. 얼마 전 유엔 정상회의에서는 강력한 반미연설로 참석자들의 우레와 같은 박수를 받았다.

또한 베네수엘라의 석유 판로가 미국에만 너무 집중되어 있는 상황을 바꾸기 위해 인도, 중국 등으로 판로를 다변화함으로써 미래의 불안 요소를 사전에 방지하고 있다. 쿠바, 조선민주주의인민공화국 같은 사회주의 국가들과도 관계를 강화해 나가고 있다. 특히 쿠바와 지속적으로 친밀한 관계를 유지하고 있는데, 베네수엘라는 쿠바에 석유를 저렴한 가격에 제공하고, 쿠바는 그에 대한 답례로 베네수엘라의 무상의료 제도인 미션 바리오 아덴트로에 쿠바 의료진을 대거 파견한 사실은 앞서도 언급했다. 조선민주주의인민공화국과는 최근에 대사관 설립에 합의했고, 조만간에 에너지 관련 협력을 강화할 것으로 관측된다.

역내 자유무역을 통해서 남미시장을 장악하려는 미국의 FTAA에 대항해서 남미의 진보적인 세력들을 모아서 ALBA(미주지역을 위한 볼리바르 대안)를 추진하고 있다. ALBA는 단순히 자유무역 하자는 경제공동체를 넘어서 연대의 정신에 기반을 둔 정치적인 공동체를 지향하고 있으며 명백하게 미 제국주의에 대항하는 의미를 가지고 있다. 이러한 ALBA 추진의 일환으로 '페트로 카리브(카리브 해 석유동맹)' '페트로 아메리카' 등의 석유동맹을 결성하고 있다. 석유라는 자원을 통해서 역내의 에너지 공동체를 만들고 베네수엘라의 석유를 역내 국가들에 저렴하게 제공하려는 것이다.

또한 미국의 CNN 등이 남미의 소식을 미국의 입맛에 맞게 왜곡하는 것에 대항해서, 아랍의 알 자지라처럼 남미의 목소리를 대변하는 방송국인 텔레수르Telesur를 만들어 전 세계에 방송하기 시작했다. 미국이 콜롬비아에 미군을 주둔시켜 베네수엘라를 위협하는 상황에서, 자위력을 강화하기 위해 러시아 등에서 무기를 도입하고 200만 명의 예비군을 창설하겠다는 야심찬 계획도 추진하고 있다. 그리고 핵 에너지 개발을 통해서 에너지 문제와 함께 자위력 확보에 노력하고 있다.

최근 남미 국가들에 잇따라 좌파 정권들이 집권하면서 사면초가에 몰린 미 제국주의에게 차베스의 이러한 시도들은 눈엣가시나 다름없다. 그러나 단결된 남미의 민중들은 제국주의와 자본주의를 이겨내고 민중이 해방되는 참다운 세상으로 나아갈 준비를 하고 있다. 그리고 그 중심에는 베네수엘라의 '볼리바리안 혁명'이 위치하고 있다.

20

21세기 사회주의로 나아가는 베네수엘라

나는 매일 더욱 확신하게 되며 내 마음 속에는 한 점의 의심도 없습니다. 이전부터 수많은 지식인들이 말해왔듯이, 우리는 자본주의를 넘어서야 합니다. 하지만 자본주의 안에서 자본주의를 넘어설 수는 없습니다. 사회주의를 통해서만, 평등과 정의가 살아있는 진정한 사회주의를 통해서만이 자본주의를 넘어설 수 있습니다. 그리고 그러한 일은 민주주의를 통해서 가능합니다. 하지만 미국이 강요하는 방식의 민주주의는 아닙니다.

―우고 차베스

2004년 8월 소환투표 승리로 자신감을 얻은 차베스 대통령은 2005년 5월 1일 노동절 기념식에서 놀라운 선언을 한다. 베네수엘라의 수도 카라카스의 노동절 집회에 모인 베네수엘라 국민들을 향해 그는 "베네수엘라는 21세기 사회주의로 나아가야 한다"고 선언했다. 차베스의 사회주의 선언 이후 일련의 혁명적 조치들이 취해지고 있다. 그 중에 중요한 것 중 하나가 국가 기간산업의 국유화와 은행에 대한 정부의 통제 강화다.

2005년 9월, 차베스는 베네수엘라의 광업을 국유화하겠다고 선언했다. 기존의 외국 자본들에게 허가해 준 채굴권을 모두 취소하고 이후에도 다시 채굴권을 부여하지 않겠다고 선언했다. 그리고 국영철강회사를 설립해서 직접 광물들을 개발할 것을 천명했다. 이전에는 제국주의 자본가들이 베네수엘라에 들어와서 석유뿐 아니라 광물까지도 자신들의 돈벌이 수단에 사용했었다. 차베스의 광업 국유화 선언은 더 이상 베네수엘라의 소중한 자원들이 몇몇 자본가들의 배나 불리는 돈벌이 수단으로 이용되지 않도록 하고, 민중을 대변하는 정부에서 직접 통제하여 민중들의 이익에 맞게 사용하겠다는 의지의 표현인 것이다.

또한 국영철강회사를 설립하기 위한 재원은 베네수엘라 중앙은행의 외환 보유고를 이용하겠다고 말했다. 이것이 가능하도록 하기 위해서 정부가 중앙은행의 외환 보유고를 사용할 수 있도록 법을 개정했다. 이는 은행에 있는 돈들이 초국적 금융자본들이나 투기자본들의 돈놀이에 활용되는 것을 방지하고 민중들의 이익에 필요한 곳에 쓰겠다는 의미다.

경제야말로 가장 정치적인 부분이다. 국내외 자본가들이 정부의 시장통제가 경제를 망친다고 하는 것은 사실은 자신들이 마음대로 (노동자를 마음대로 자르든지, 환경을 오염시키든지, 산업재해를 증가시키든지에 상관없이) 돈벌이를 하는 데 방해하지 말라는 정치적 의미에 다름 아닌 것이다.

　토지개혁법에 입각해서 전체 농지의 80퍼센트를 유상 및 무상으로 몰수해서 빈농 중심의 협동농장에 나눠주겠다고 선언했다. 1.5퍼센트의 인구가 토지의 80퍼센트를 소유하고 있는 현실에서는 농민들이 인간다운 삶을 살 수 없으며, 대토지를 소유한 지주들이 땅을 생산적으로 사용하지 않고 놀림으로써 국가 차원에서도 손실이 심했다. 또한 식량의 대부분을 수입하는 베네수엘라의 상황에서 식량 주권을 위해서도 토지개혁은 절실한 상황이다. 이러한 상황을 해결하기 위해서 토지개혁을 강하게 밀어붙이고 있으며, 외국 회사들이 소유한 토지도 예외가 아니다. 차베스는 법 집행을 위해서 군대도 동원하겠다며 강한 의지를 표명하고 있다.

　대단위 국가 기간산업의 국유화와 함께, 기층에서는 다양한 형태의 협동조합이 활성화되고 있다. 차베스 집권 초기에는 800여 개에 불과했던 협동조합이 지금은 베네수엘라 전역에 걸쳐 10만 개에 이를 정도로 경제의 큰 부분을 담당하고 있다. 그리고 소액금융 제도를 활성화하여 이러한 협동조합들에게 자금이 지원되도록 적극 장려하고 있다. 협동조합적인 사업 형태가 기존의 자본주의식 경제 모델을 빠르게 대체하고 있다.

　현재 베네수엘라에서는 노동자들이 자신이 일하는 직장을 직접 통제하는 실험이 진행 중이다. 유럽 사회민주주의식으로 주식 좀 받고 이사회 몇 자리 차지하는 식이 아니라 노동자들의 직접적인 공장통제 방식의 실험이 이루어지고 있는 것이다. 공장의 관리자를 노동자들의 직접투표로 선출하고 예산도 노동자들의 참여로 짜며, 성과물을 지역사회와 나누는 등의 내용이 진행되고 있다. 이에 관한 BBC 방송의 뉴스(Iain Bruce, 2005년 8월 18일)가 있어서 직접 번역해서 옮겨본다.

차베스, 직장에서의 민주주의를 요청하다

알카사Alcasa 3번 라인의 주조실은 열기와 소음이 너무 심하다. 이곳은 푸에르토 오르다즈 남동부에 있는 두 개의 큰 알루미늄 공장 중 하나다. 푸에르토 오르다즈는 베네수엘라의 기초 산업시설이 모여 있는 곳이다. 이곳에서는 '노동자 참여 경영'co-management이라는 새로운 실험이 벌어지고 있는데, 우고 차베스 대통령은 노동자 참여 경영을 '21세기 사회주의'로 나아가는 중요한 단계라고 이야기한다.

전기공으로 일하는 알시데스 리베로Alcides Rivero 씨는 노동자 참여 경영으로 37년의 회사 역사상 최초로 노동자가 통제권을 가지게 된 것이라고 말했다.

"생산과 기술에 대한 문제를 결정하는 것도 우리 노동자들이고, 우리의 관리자를 선출하는 것도 바로 우리 노동자들입니다."

인사과에서 일하는 마리비트 로페스Marivit Lopez 씨는 노동자들이 2006년을 대비해서 '참여예산'을 짜고 있다고 설명했다.

"각 부서의 노동자 평의회에서 기존의 제안을 토론하고 수정해서 회사의 요구에 제대로 들어맞는 예산을 만듭니다."

현대 사회주의Modern Socialism

노동자 평의회는 알카사의 노동자 참여 경영 실험에서 핵심적 부분이다. 3번 창고에서 진행되는 회의에서, 각각의 팀에서 선출된 사람들이 화이트보드에 각종 통계 자료와 도표들을 쓰고 있다. 대표자들은 각 부서의 기술적 문제점들의 해결 방안에 대해 토론하고 있다. 예를 들어서, 순수한 알루미늄을 분리해내는 그래파이트 애노드graphite anode의 수명을 늘리기 위한 방법 같은 것들이다. 전체 생산 과정을 총괄하는 사람에 따르면, 노동자 참여 경영의 목적 중 하나는 육체노동과 정신노동의 장벽을 허물고, 생산을 설계하는 사람과 실제로 생산하는 사람이 달랐던 상황을 넘어서는 것이다.

알카사의 대표로 임명된 카를로스 란스Carlos Lanz 씨(이전에 좌익 게릴라 지도자였다)는 성과가 이미 보이기 시작한다고 말했다.

"민주적으로 계획을 세우니까 다소 뒤처진 기술임에도 불구하고 생산량이 11퍼센트나 증가했습니다."

란스 씨는 베네수엘라의 노동자 참여 경영은 지분의 일부를 노동자에게 떼어주고 이사회에서 노동자에게 몇 자리 내어주는 유럽의 사회민주주의 식과는 다르다는 점을 지적했다.

"베네수엘라의 노동자 참여 경영은 노동자들이 공장을 통제하는 것에 관한 것입니다. 그것은 21세기 사회주의로 나아가는 하나의 단계입니다."

노동자의 개입

이제까지 베네수엘라의 노동자 참여 경영 계획은 알카사 같은 국영기업과 이미 파산해버린 두 개의 작은 민간 기업에만 국한되어 실시되었다. 올해 초 정부는 제지회사인 베네팔Venepal과

밸브회사인 발부라스Valvulas를 접수했다. 이 회사들은 국가가 51퍼센트의 지분을 가지고 나머지 49퍼센트를 노동자가 협동조합을 조직해서 소유한 상태로 재가동하여 노동자 참여 경영을 실시하고 있다.

지난 노동절 때 우고 차베스 대통령은 그 자신이 더 나아가기를 원한다고 말했다. 차베스 대통령은 노동자 참여 경영을 실시하는 민간 기업들에게 정부의 지원을 받을 수 있는 자격을 주겠다고 말했다. 그는 관련 법안이 의회에 제출된 상황이라고 말했다.

국가의 개입

대통령의 선언에 기업인 대표들은 혼란스럽고 걱정에 사로잡혔다. 베네수엘라 미국 상공회의소의 토니 헤레라Tony Herrera 씨는 베네수엘라 정부의 노동자 참여 경영 제안이 정확히 무엇을 의미하는지 파악하기 어렵다고 말했다. 그는 경제에 대해서 국가가 더욱 통제하겠다는 것을 의미할지도 모른다고 걱정했다.

"예전부터 베네수엘라의 문제점은 잘못된 방향으로 가는 길이 좋은 의도들로 포장되어 있다는 것입니다. 국가가 경제에 개입하려고 많은 시도를 해왔고, 결과는 보시는 바와 같습니다."

베네수엘라 경제인 연합Fedecameras 회장인 알비스 무노스 Albis Munoz 씨는 노동자 참여 경영을 베네수엘라 회사들에게 법률로 강제하는 것을 원하지 않는다고 말했다. 하지만, 그녀는 독일의 기독교 민주당이 발전시킨 방식의 노동자 참여 경영(사용자, 노동자, 소비자들 간에 자유로운 협상을 통한 전략적 제휴)은 별 문제가 없다고 생각한다고 말했다.

하지만 알카사에서 일하는 사람들의 생각은 그것과 달라 보인다. 마리비트 로페스 씨는 새로운 생산방식으로 이행하기 위해서는, 그녀가 '혁명적 노동자 참여 경영'이라 부르는 것을 더욱 밀고 나가야 한다고 열정적으로 말했다. 정부의 지원 아래 그녀와 알루미늄 회사의 사람들은 지역의 다른 국영산업체 노동자들을 대상으로 '노동자 참여 경영을 조직하는 방법'에 대해 교육하고 있다.

21

거세지는 혁명의 불꽃, 볼리비아

가난한 사람들을 위하여 진정한 정치, 경제, 사회의 개혁을 추진하고, 미 제국주의와 맞서고, 더 나아가 여지껏 고통받아 왔던 저개발 국가들의 지역 통합을 추진하려는 움직임은 이제 베네수엘라와 우고 차베스만의 전유물이 아니다. 남미에서는 이미 볼리비아의 에보 모랄레스가 대통령에 당선되었고, 페루의 오얀타 우말라도 약진하고 있다. 특히, 볼리비아의 에보 모랄레스는 차베스의 전철을 밟으며 차근차근 개혁을 수행하고 있다. 다음은 2006년 1월에 이론과 실천에 기고한 글을 약간 수정한 것이다.

모랄레스, 제2의 우고 차베스

"내가 당선되면 미국에게는 악몽이 될 것이다."

에보 모랄레스(왼쪽)와 차베스(오른쪽)

그리고 얼마 후 이 말은 실현되었다. 인구가 채 1000만도 안 되는 남미의 소국 볼리비아가 2005년 12월 18일에 있었던 대통령 선거에서 전 세계의 이목을 집중시켰다. 제2의 우고 차베스라 불리는 사회주의운동당MAS 총재 에보 모랄레스Juan Evo Morales Ayma가 50퍼센트 넘게 득표하여 볼리비아 대통령에 당선되었다. 모랄레스는 대선과 함께 치러진 총선 중간투표(볼리비아는 총선에서 국회의원 전체를 한꺼번에 뽑지 않고 2년마다 절반씩 나누어 뽑는다)에서 상원의 과반수 의석을 차지해 실질적으로 볼리비아 국정을 장악하게 됐다. 모랄레스는 볼리비아의 코카 재배 농민을 대표하는 지도자로서 미 제국주의와 자본주의(신자유주의)에 정면으로 맞서 투쟁해온 사람이다.

현재 볼리비아에서 쟁점이 되고 있는 것은 천연가스사업의 국유화 문제다. 볼리비아의 천연가스 매장량은 남미에서 두 번째로 많으며 하루 생산량 중 90퍼센트는 수출된다. 볼리비아의 소중한 천연가스 자원을 초국적 자본들의 손아귀에 그대로 맡길 것이냐 볼리비아 민중들의 손으로 찾아올 것이냐로 볼리비아는 최근 몇 년 간 내전 직전까지 가는 상황을 여러 차례 겪었다. 그 과정에서 두 명의 대통령이 임기를 마치지 못하고 사임하기도 했다.

코카 재배 문제 또한 중요한 쟁점중 하나다. 미 제국주의는 마약과의 전쟁이라는 허울 좋은 구실 아래 볼리비아, 페루, 콜롬비아 등 남미 각지에서 영향력을 행사하고 있으며 그러한 제국주의 정책의 직접적인 피해는 볼리비아의 코카 재배 농민들이 온몸으로 떠안게 되었다. 볼리비아 900만 인구 중 65퍼센트를 차지하는 인디오 빈민들의 주요 생계수단인 코카 재배가 미 제국주의에 의해 하루아침에 붕괴되고 있는 것이다. 에보 모랄레스는 코카 재배 합법화를 내세우며 인디오 빈민들의 생존권 요구를 내세우고 있다.

이러한 상황에서 미 제국주의와 자본주의에 대한 반대를 명확하게 내걸고 있는 사회주의운동당MAS의 에보 모랄레스가 볼리비아 대통령으로 당선됐다. 미 제국주의에게는 악몽이 일어난 것이다. 안 그래도 차베스 때문에 골치를 앓고 있는 미 제국주의는 또 하나의 결정타를 얻어맞았다. 그리고 이러한 영향은 2006년에 있는 멕시코, 페루, 니카라과, 에콰도르 등의 대통령 선거에도 적지않은 영향을 끼치고 있다.

두 명의 대통령을 끌어내린 민중항쟁

주로 주석과 텅스텐, 동 등의 광물자원 수출을 국가의 주요 산업으로 하던 볼리비아는 대부분의 제3세계가 그렇듯이 제국주의 기업들의 돈벌이 판이었다. 그러던 중 1952년에 혁명이 일어나고 파스 에스텐소로Paz Estenssoro가 대통령이 된 이후 광산을 국유화하고 농지개혁 등을 단행하는 개혁 조치들이 취해졌다. 그러나 1964년에 보수반동 쿠데타로 에스텐소로가 물러난 이후 볼리비아 정치는 제국주의에 부역하는 사람들에 의해 좌우된다.

1980년대 IMF 구조조정을 거치면서 수많은 광산들이 폐쇄되고 1995년에는 국가 기간산업인 전력사업도 미국 회사에 팔렸다. 볼리비아 정부는 미국의 압력으로 1987년에 코카 재배 억제법을 만들어 코카 재배 지역을 초토화하는 정책을 펴나가는데 그 과정에서 코카 재배 농민들과 수많은 충돌이 있었고 많은 사람이 죽었다.

2000년에 볼리비아 정부는 나라의 수자원(물)까지 미 제국주의 자본(벡텔)에게 팔아먹는 파렴치한 일을 벌인다. 이로 인해 우물물이나 샘물에까지 세금을 걷고 야채 값이 네 배가 오르는 등 물가가 엄청나게 뛰어 버렸다. 이에 분노한 민중들이 들고 일어나 강력한 대정부 투쟁을 벌였고 정부가 수자원을 팔아먹는 행위를 막아냈다.

2002년에 볼리비아 대통령이 된 산체스Sanchez는 어릴 때를 빼고는 주로 미국에서 생활한 이유로 스페인 어보다 영어를 잘하는 자본가였다. 볼리비아 국민들에게 그링고(미국놈)라고 조롱받는 산체스 대통령은 역시 그링고로서의 역할을 충실하게 수행했다. 미국이 원하는 대로 코카 재배 농지를 초토화하는 정책을 지속하고, IMF의 긴축 정책을 받아들였다. 특히 칠레의 항구를 통해 미국으로 천연가스를 수출한다는 계획은 민중들의 분노에 불을 지폈다. 천연가스를 외국 자본들에게 팔아먹는 것도 모자라 역사적으로 아픈 기억이 있는 칠레의 항구(볼리비아는 1879년 칠레와의 전쟁에서 해안 지역을 모두 빼앗기고 내륙 국가가 되었다)를 통한다는 사실에 볼리비아 민중들이 들고 일어났다.

천연가스산업의 대부분을 외국 기업이 장악하고 있는 상황에서, 관련법에 따르면 이익금의 18퍼센트만이 볼리비아에 돌아오는데 이마저도 소수의 자본가들을 살찌우는 데에만 쓰이기 때문에 민중들의 불만은 이만저만이 아니었다.

산체스 정권은 계엄령을 내리고 군을 동원해서 시위대를 진압했고 그 과정에서 다수의 사상자가 났다. 분노한 민중들은 인디오 농민과 광산노조 등을 중심으로 강력한 노농연대를 구축하여 수도로 진격하며 정권퇴진 투쟁에 돌입한다. 결국 2003년 10월, 산체스 대통령은 노농연대의 강력한 대중투쟁 앞에 무릎을 꿇고 사임한다. 그리고 당시 부통령이던 카를로스 메사Carlos Mesa가 볼리비아 법에 따라 잔여 임기 동안에 대통령직을 수행하게 되었다.

그런데 빈민층 20만 가구에 무료로 가스를 제공하고 외국계 가스회사에 세금 부과를 늘리며 민영화된 천연가스산업을 재국유화하겠다고 한 카를로스 메사 대통령은 자신의 이러한 약속을 지키지 않았다. 대통령 승계 후 있었던 국민투표에는 재국유화에 대한 투표 조항은 아예 넣지도 않았고, 75퍼센트의 가스를 수출하며 외국 기업에 로열티와 세금을 많이 물리겠다는 내용이 포함되어 있었다. 이러한 내용은 천연가스산업의 재국유화와 천연가스의 국내 소비를 원하는 민중들의 요구와는 동떨어진 내용이었다. 그러나 민중운동 진영의 보이콧 속에서도 국민투표는 통과되었다.

볼리비아 GDP의 60퍼센트를 차지하는 천연가스산업은 이렇듯 볼리비아 국민의 이익과는 전혀 관계없는 방식으로 제국주의 국가와 국내 매판자본가들의 배만 불리는 데 사용되어 왔다. 이러한 상황은 결국 볼리비아를 인구의 80퍼센트가 극빈층인 생지옥으로 만들어 버렸다. 그나마 국민투표 결과를 실제 추진하는 상황에서도 메사 정권은 기존의 18퍼센트 로열티를 단 1퍼센트도 올리지 않고 그대로 두는 기만적인 모습을 보인다. 이것은 민중운동 진영에서 요구한 50퍼센트와는 너무나도 큰 차이가 있는 것이었다.

이에 분노한 민중들이 다시 들고 일어났다. 2003년의 모습이 2005년에도 재현된 것이다. 결국 군부 내의 소장파 장교들까지 대통령의 사임을 주장하고 나서면서 2005년 6월 메사 대통령은 사임한다. 노농연대의 강력한 대중투쟁이 제국주의에 부역하는 꼭두각시 대통령 두 명을 연이어 끌어내린 것이다.

미국의 기만적인 '마약과의 전쟁'

미 제국주의는 마약 퇴치를 구실로 콜롬비아 등의 나라에 군대를 파견해서 영향력을 행사하고 독재자를 지원하고 있다. 그리고 각 나라의 민중운동 진영에 대해 언제든지 군사적 개입을 할 수 있도록 만반의 준비를 하고 있다. 이러한 기만적인 마약과의 전쟁 때문에 볼리비아의 코카 재배 농민들은 자신의 생존권을 위협받고 있으며 상당수가 거리에 나앉는 지경이 되고 있다.

에보 모랄레스는 코카잎 최대 생산지인 볼리비아 중부 차파레 지역의 아이마라 족 인디오 출신이다. 그는 2003년 10월, 산체스 대통령 퇴진 투쟁 시 멕시코 라디오 방송과의 회견에서 코카잎 재배를 지지하는 이유를 설명했다.

"나는 마약 밀거래자가 아니다. 나는 코카잎 재배 농민이다. 나는 자연 농산품인 코카잎을 경작한다. 나는 (코카잎을) 코카인으로 정제하지 않으며 나아가 코카인과 마약 어느것도 안데스 문화의 일부가 된 적이 없다."

미국이 자신들의 마약 문제를 중남미 농민들에게 떠넘기고 있음을 비난한 것이다. 또한 모랄레스는 대통령 당선 직후 코카 재배 지역 중심이자 자신의 지지 기반인 코차밤바에 머물며 가진 기자회견에서 "코카잎이 코카콜라에는 합법적으로 이용될 수 있고 우리들은 그렇게 할 수 없다는 것은 모순이며 위선"이라고 비난했다. 2002년 대선에서 미국 정부는 모랄레스와 같은 후보를 대통령으로 뽑으면 원조를 중단할 것이라고 경고했다. 그러나 이러한 미국의 협박이 있은 후 오히려 그의 지지도는 늘어나서 2002년 대통령 선거에서는 결선투표까지 갔다. 모랄레스는 여기서 아깝게 2위를 했다.

최근 미국은 볼리비아의 인접국인 파라과이에 400여 명의 미군을 파견해 마약조직 소탕이라는 명분으로 합동군사훈련을 실시하고 있다. 실상은 볼리비아, 브라질 등과 같은 나라에 혁명적 상황이 발생했을 경우 즉각 미군이 개입할 수 있도록 준비하고 있다는 말이 설득력을 가지고 있다. 또한 2005년 11월에는 볼리비아가 소유한 중국산 이동형 미사일 30기를 미국이 수거해간 사실이 알려졌는데, 이는 에보 모랄레스가 당선됐을 경우를 대비해 볼리비아를 무장해제 시키려는 것 아니냐는 강한 의혹을 가지게 했다. 에보 모랄레스 측은 이러한 일을 눈감은 전직 대통령과 국방장관, 군 수뇌부를 국가반역죄로 고발하겠다고 목소리를 높였다.

신자유주의적인 정책을 도입해서 진보 진영으로부터 배신자라는 소리까지 듣고 있는 브라질의 룰라 대통령은 볼리비아 대선을 앞두고 에보 모랄레스 등의 볼리비아 대선 후보들에게 압력을 행사했다. 브라질의 주요 기업들은 볼리비아 GDP의 18퍼센트를 책임지고 있을 정도로 볼리비아의 천연가스와 대두생산 분야에 대대적으로 투자하고 있다. 볼리비아에서는 브라질 제국이라는 말이 나올 정도다. 브라질 룰라 대통령은 마치 미국 대통령이 한국 대통령 선거 후보들을 백악관에서 만나듯, 에보 모랄레스를 포함한 볼리비아 대통령 후보들을 브라질 대통령궁에서 차례로 만나면서 천연가스 산업 국유화와 관련한 각 후보들의 입장을 들었다고 한다. 사실상의 압력행사인 것이다.

새로운 사회를 열어나갈 볼리비아

2005년 대선에서 에보 모랄레스의 득표율이 과반을 넘으면서 모랄레스는 결선투표 없이 바로 대통령에 선출되었다. 압도적인 지지율로 대통령에 당선된 에보 모랄레스는 조만간 제헌의회를 소집할 가능성이 높다. 볼리비아 민중운동 진영은 에보 모랄레스에게 세 달 안에 제헌의회를 소집할 것을 강력히 요구하고 있다고 한다. 모랄레스는 1999년 베네수엘라 대선에서 차베스가 제헌의회 소집을 공약으로 걸었고, 당선 후 국민투표를 통해 제헌의회를 소집한 것과 같은 방식의 전술을 사용할 것으로 예상된다. 그래서 새로운 헌법을 만들어 과거와 확실하게 단절하고, 대통령 선거, 국회의원 선거 등을 다시 진행하고 새로이 사법부를 구성해서 국가기관을 확실하게 장악해 세력 관계를 한 번에 역전시킬 시도를 할 것이다(볼리비아는 2006년 8월에 제헌의회를 개원했다).

천연가스산업 등의 핵심 산업의 국유화 진행이 예상되며, 코카 재배를 합법화해서 인디오 농민들의 생존권 문제를 해결할 것이다. 또한 미국이 추진하는 자유무역기구인 FTAA에 맞서서 쿠바와 베네수엘라가 주도적으로 추진하는 ALBA(미주지역을 위한 볼리바르 대안)의 강력한 추진 세력에 합류할 것으로 관측된다. 그래서 강력한 반미전선을 구축하고 자주적이고 연대의 정신에 기초한 남미 국가 공동체를 만들어 나갈 것이다.

그리고 베네수엘라가 2005년에 '21세기 사회주의'를 선언했듯이 적절한 시기에 사회주의 선언을 하고 민중이 주인되는 참다운 세상을 건설해 나갈 것이다. 물론 그러한 과정에서 미 제국주의와 국내 보수반동 세력의 반혁명 시도가 있을 것이다. 그러나 미 제국주의에 부역하고 민중들을 착취하고 억압한 대통령을 두 번이나 끌

에보 모랄레스(왼쪽)와 우고 차베스(오른쪽)

어내린 볼리비아 민중의 투쟁으로 그러한 어려움을 돌파해내리라 생각한다. 마지막으로 에보 모랄레스가 2002년 단식투쟁 중에 한 말을 옮기면서 글을 맺는다.

"아무것도 가진 것이 없는 자는 아무것도 두렵지 않다."

피델, 영웅에서 동지로

우고 차베스와 피델 카스트로는 단순히 국가의 지도자 간의 관계를 넘어서 서로를 존중하고 아끼는 진정한 동지적 관계를 유지하고 있다. 쿠바의 혁명을 수십 년간 지켜온 피델은 자신의 경험을 통해 얻은 지혜로 차베스에게 귀중한 조언을 해주고 있다. 피델은 미국 CIA의 암살 시도에 여러 번 위험한 순간을 넘겼다. 그리고 그가 소중하게 여기던 파나마의 토리호스 대통령이나 칠레의 아옌데 대통령이 미 제국주의에 의해 살해되는 것을 지켜봤다. 그렇기 때문에 차베스가 더욱 소중하게 생각되는 것이다.

"피델은 내게 여러 가지 아이디어를 줍니다. 그 중 몇 개는 충고라고 할 수도 있죠. 특히 그가 나에게 항상 이야기하는 것은 '반 차베스 세력에게 남아 있는 유일한 수단은 나를 암살하는 길뿐'이라는 것입니다. 그래서 항상 내게 조심하라고 합니다. 피델이 베네수엘라를 방문했을 때 대중들을 상대로 연설하기도 했죠. '차베스는 지금 자신을 돌보지 않고 있다.' 그가 돌아간 뒤 내가 가는 곳마다 거리의 사람들은 소리치곤 했습니다. '차베스, 몸조심하세요. 알겠죠?' 피델은 내게 그러한 주문을 하고 '차베스를 보호하자' '차베스는 자신을 돌보지 않고 있다'라는 슬로건까지 내걸었습니다.

우리가 만날 때마다 피델은 내게 그러한 것들을 상기시켜 줍니다… 피델은 오마르 토리호스에게도 계속 주의를 주었다고 내게 수

264

차례 이야기했습니다. 오마르에게는 경비행기를 자주 이용하지 말라고 신신당부를 했지만 오마르는 결국 비행기 폭발로 산속에서 죽었습니다. 그래서 피델이 나를 보살피는 것이라고 생각합니다."

차베스는 감옥에 있던 시절에 피델에 대한 수많은 책을 읽었고 감옥에서 나가면 피델을 꼭 만나야겠다고 생각했다. 그러던 중에 그는 대통령 특사로 감옥을 나왔고, 곧바로 쿠바로 초청받았다. 당시 피델은 공항까지 마중 나와서 차베스를 반겨주었다. 차베스는 그 당시 상황을 다음과 같이 묘사했다.

"당시 우리는 포옹을 나눴는데 이미 말했듯이 베네수엘라의 과두 세력은 신문 1면에 그 사진을 실었습니다. 신문 1면에 등장해본 일은 처음이었습니다. 내가 신문 전면에 실리다니요? 악의적인 헤드라인과 함께 컬러 사진이 실렸습니다. 상당히 많은 수의 기사들도 실렸더군요. '피델이 차베스를 먹어 치우다' '차베스, 피델에게 복종하다' '악의 축' 따위의 것들이었습니다. 이런 주문과도 같은 것들은 존재하지도 않는 것이었지만 우리 민중들에게 공산주의, 피델 카스트로와 독재에 대한 공포를 주입하기 위해 악마적이고 사악한 방법으로 만들어낸 것에 불과합니다. 모두 꾸며진 이야기죠.

선거 기간 동안 그들은 1994년도의 비디오로 다시 한 번 사람들을 혼란에 빠뜨리려고 했습니다. 베네수엘라 군에 피델과 내가 아바나에서 한 연설이 담긴 비디오테이프가 제공되었습니다. 그들은 비디오를 유포하기 위해 병영마다 찾아갔습니다. 그런데 일부 군사 심리학자들이 그들에게 경고했습니다. '제기랄, 당장 이 짓을 그만두시오. 역효과만 가져오고 있습니다. 이 비디오가 피델과 차베스에 대한 젊은 군인들의 찬양을 불러일으키고 있습니다, 당장 그만두시오.'"

차베스와 피델이 친해지는 것을 싫어하는 사람들은 베네수엘라 바깥에도 있었다. 그들은 바로 미 제국주의자들이었다. 미 제국주의자들은 쿠바와 베네수엘라의 단결이 라틴아메리카에 대한 자신들의 영향력 약화로 이어질 것을 두려워하고 있었다.

"미주정상회담이 있던 몬테레이에서 부시가 그의 개막연설 중 치졸하게도 쿠바와 피델을 공격하는 것을 보고 참을 수 없는 분노가 일었습니다. 내 연설 차례가 오자 나는 정상회담의 주제가 균등한 성장임에도 2003년 베네수엘라에서 경제 성장은 없었다고 이야기했습니다. 경제 성장은 쿠데타와 석유업계의 사보타지로 인해 적어도 10퍼센트는 하락했습니다. 경제 후퇴였습니다. 그럼에도 쿠바의 헤아릴 수도 없는 지원으로 베네수엘라는, 예를 들면 미션 로빈슨 같은 것들을 통해 사회복지, 평등, 사회정의의 확대를 가져올 수 있었다고 말했습니다. 이런 것들이 적어도 내가 할 수 있는 것이었고 그렇게 했습니다.

내 연설을 들은 부시의 얼굴은 분노로 타오르고 있었다고 하더군요. 직접 그를 보진 못했지만 나중에 부시가 얼굴을 붉힌 채 의자에 꼼짝 않고 앉아 있더란 말을 들었습니다. 난 쿠바에 대해 세 번이나 언급했습니다. 쿠바 인민과 피델이 보내준 지원에 대해서 감사를 표명했습니다. 이 점에 대해선 전혀 후회가 없지만 다른 몇 가지 점에서는 용서를 표명합니다.

몬테레이에서 있었던 일에 대해 카다피와 전화 통화를 나눈 적이 있었습니다. 그는 왜 쿠바가 아메리카 대륙에 있는 전 국가가 참석하는 회담에 참가하지 않았느냐고 묻더군요. 그건 미국이 쿠바를 배제시켰기 때문이었죠. 카다피는 내 말을 듣고 이렇게 말하더군요. '우고, 잘 듣게. 우리 아프리카의 예를 들어보겠네. 영국이 유럽연합 회담에 짐바브웨 무가베 대통령이 참석하는 것을 막은 적이 있네. 그때 우리는 무가베가 갈 수 없다면 우리 누구도 참석할 수 없다고 했네. 라틴아메리카에서도 그렇게 해야 하네.'"

맺는말

한미FTA : 나라 경제를 통째로 미 제국주의에게 팔아넘기는 매국적인 무역협상이다. 실행된다면 IMF 때와는 비교도 안 되는 경제적 충격이 예상된다.

평택미군기지 이전 : 미국의 군사적 세계 제패 전략의 일환으로 진행되는 전략적 유연성에 따라 용산의 미군 기지를 평택으로 이전하고 있다. 이는 주한미군에게 날개를 달아주어 한반도를 침략전쟁으로 내몰 가능성이 높다.

비정규직 : 1400만 노동자 중에서 850만 명이 비정규직으로 일하고 있다. 정규직에 비해 월급은 절반, 4대 보험은커녕 상시적인 해고 위협에서 고통받고 있다. 수많은 비정규직 노동자들이 자신의 권리를 찾기 위해 투쟁하다가 자본과 정부의 탄압으로 죽고 다치고 감옥에 가고 있다.

농민 : 쌀 개방과 한미 FTA 추진으로 일자리를 잃고 도시로 이주하

여 도시빈민이 될 위기에 처해 있다. 350만 명의 농민이 이러한 위기에 노출되어 있다.

영세 상공인 : 계속되는 경제 불황으로 장사가 안 돼서 참을성의 한계치에 다다른 상황이다. 게다가 한미 FTA가 통과되면 이들 모두 거리로 나앉을 가능성이 매우 높다.

2006년 지금의 남한의 모습이다. 수많은 중남미 국가들이 1980년대에 외채 위기 때문에 미국이 주도하는 IMF 경제 처방을 받았다. 그러나 중남미는 IMF 때문에 오히려 빈부격차가 심해지는 사회양극화 현상으로 고통받아왔다. 그로부터 10년 후 남한은 1998년에 굴욕적인 IMF 경제 처방을 받은 이후, 상시적 불황 상태에, 사회양극화 현상이 심해지고 있다. 그리고 2006년 현재 중남미에는 베네수엘라를 비롯해서 많은 나라들에 좌파 정권이 들어서고 있다. 그렇다면 우리의 10년 뒤 모습은 어떨까?

모순이 격화된 곳에서는 그 모순을 극복하려는 움직임이 나타나는 것이 역사적 진리다. 중남미가 미 제국주의와 자본주의의 모순을 넘어서서 민중이 주인되는 사회로 나아가고 있듯이, 같은 모순이 첨예화되고 있는 남한에서도 이러한 모순을 극복하려는 움직임이 활발해지고 있다. 한미 FTA와 평택미군기지 이전에 반대해서 민중들이 일어나고 있으며, 비정규직의 권리를 찾기 위한 투쟁, 농민의 권리를 찾기 위한 투쟁이 지속되고 있다. 그러나 이러한 투쟁들이 고립되고 분산적으로 되어서는 곤란하다. 이런 다양한 운동의 흐름이 세상을 근본적으로 바꿔내는, 노동자 민중이 주인으로 되는 세상을 만드는 흐름으로 수렴되어야 한다.

지금과 같은 중요한 시기에 베네수엘라가 보여준 사례는 우리에게 많은 것을 느끼게 해준다. 베네수엘라의 민중들이 만들어나가는 진정한 혁명은 전 세계를 감동시키고 있으며, 미 제국주의와 자본가들은 자신들의 지배가 흔들리는 모습을 보며 불안해하고 있다. 그렇다. 사회주의로 나아가는 세계적 대세를 막을 수는 없는 것이다. 그것은 마치 물이 위로부터 아래로 흐르는 것과 같다. 누가 역사의 수레바퀴를 거꾸로 돌릴 수 있을 것인가?

이 책을 읽는 분들에게 말씀드린다. 현 상황에 체념하지 말고 희망을 가지자. 베네수엘라는 다른 세계가 가능하다는 것을 우리의 눈앞에 보여주고 있다. 베네수엘라에서 가능하다면 남한에서도 가능하다. 이제, 우리의 슬픔과 분노를 모아서 세상을 바꿔내는 힘으로 결집시키자. 칼 마르크스의 문장을 인용하는 것으로 글을 맺는다.

"민중이 혁명에서 잃을 것이라고는 쇠사슬뿐이요, 얻을 것은 세계 전체다."

"전 세계의 민중이여, 단결하라!"

1519년	스페인, 아즈텍 왕국을 정복하기 시작했다. 이후 거의 모든 라틴 아메리카 지역이 스페인의 식민지가 되었다.
1810년	칠레가 스페인으로부터 독립했다.
1819년	뉴그라나다New Granada(현재 콜롬비아)가 스페인으로부터 독립했다.
1821년	1810년부터 계속된 독립전쟁 끝에 베네수엘라가 스페인으로부터 독립했다.
1822년	키토Quito(현재 에콰도르)가 스페인으로부터 독립했다.
1825년	볼리비아 공화국이 수립되었다.
1870년	베네수엘라에 구스만 정권이 집권했다.
1898년	미국이 스페인에 선전포고를 하자 스페인은 쿠바에 대한 권리를 포기하고 미국이 쿠바를 식민지화했다.
1908년	베네수엘라에 고메스의 장기독재(~1935년)가 시작되었다. 석유에 대한 모든 이권이 미국 자본의 손에 넘겨지던 시기다.
1917년 10월	러시아 혁명이 성공했고, 소비에트 권력이 수립되었다.
1931년	베네수엘라에 공산당이 창당되었다.
1941년	베네수엘라 메디나 정권이 집권했다. 메디나 정권

	은 외국 기업의 석유산업에서의 수익 중 50퍼센트 까지 세금으로 거둬들이는 석유법을 제정했다.
1945년	개혁적인 민주행동당AD 계열의 군부 쿠데타가 발생했다. 쿠데타 성공 후 3년간 사회개혁 프로그램을 실시했다.
1948년	베네수엘라에 가예고스 대통령이 취임했으나 1년도 안 되어 군부의 우익 쿠데타로 다시 붕괴됐다.
1952년	페레스 히메네스 정권이 군부를 등에 업고 등장했다. 국가치안대 등을 만들어 반대자들을 탄압하고, 석유채굴권을 다시 외국 자본에게 넘겨주었다. 또한 소련 등 공산주의 국가들과 단교했다.
1954년	미국이 주도한 반혁명 쿠데타에 의해 과테말라의 아루벤스 정권이 붕괴했다.
1958년 1월	베네수엘라 히메네스 군부독재 정권이 민중의 힘으로 쓰러졌다. 그 해 12월 선거에서 AD 계열이 다시 승리했다. 같은 해 AD 계열과 기독사회당COPEI의 양대 정당은 '푼토 피호Punto Fijo 협약'을 통해 이른바 보수대연합을 실시해 번갈아가면서 집권하게 되었고 민중들은 정치 영역에서 크게 소외되었다.
1959년 1월	쿠바에서는 카스트로와 체 게바라가 주도하여 바티스타 정권을 타도하고 혁명에 성공했다.
1959년 10월	미국은 쿠바 수도인 아바나를 폭격하는 등 군사적 행동을 계속했다.
1961년 3월	미국은 라틴 아메리카에 대한 혁명 봉쇄 전략인 '진보를 위한 동맹' 정책을 발표했다.
1961년 4월 16일	카스트로가 '쿠바는 사회주의 국가'임을 선언하고 미국과 국교를 단절했다.

1961년 4월 17일	미국 중앙정보부CIA가 창설한 '2506 공격여단'이 쿠바의 피그 만을 침공했다. 쿠바 정부군은 100여 명을 사살하고 1000여 명을 체포하는 등 미국의 쿠바 침공을 성공적으로 막아냈다. 이 침공 이후 미국의 대對 쿠바 봉쇄가 시작되었다.
1962년 5월	베네수엘라 공산당의 주도로 군사 반란이 발생했다. 이후 베탕쿠르 정권에서 공산당이 불법화되고 지하운동화되었다.
1962년 10월 22일	소련이 쿠바에 핵탄두 미사일을 배치하려 하자 미국은 쿠바 해상을 봉쇄했다. 소련은 미국이 쿠바를 침공하지 않겠다고 합의한다면 철수하겠다고 했고, 미국이 이를 받아들여 소련 해군이 철수했다. 이 핵미사일 위기는 같은 해 11월 2일까지 지속되었다.
1964년 1월	파나마에서 반미 폭동이 발생하여 미국과 국교가 단절되었다.
1967년 10월	볼리비아에서 좌익 무장 게릴라를 지도하던 체 게바라가 볼리비아 정부군에 의해 체포되었고, CIA의 동의 절차를 거친 후 처형되었다.
1968년 10월	멕시코에서는 군대가 올림픽 개최에 반대하는 대학생들의 시위를 진압하여 수백 명이 사망했다.
1969년	베네수엘라에 칼데라 정권이 들어섰다. 공산당을 합법화하는 등 유화 정책을 폈다.
1969년	페루는 미국 어선을 납치하고 미국계 석유회사를 국유화했다. 대신 소련과 통상협정을 맺었다.
1970년 9월	칠레의 대통령 선거에서 민중연합의 아옌데가 대통령에 당선되었다.
1970년	베네수엘라와 소련, 체코슬로바키아가 다시 외교

관계를 맺었다.

1971년 7월	칠레는 5대 구리 광산을 국유화했다.
1972년 9월	칠레는 반혁명 세력이 주도한 이른바 '사장님들의 파업'으로 심각한 경제 위기에 직면했다.
1973년 9월	피노체트를 중심으로 한 군부의 반혁명 쿠데타가 발생하여 민중연합 정권이 붕괴되고 아옌데 대통령이 공군의 폭격으로 사망했다. 그리고 피노체트를 의장으로 하는 군사평의회가 권력을 장악하여 수십 년에 걸친 장기독재가 시작되었다.
1974년	베네수엘라와 쿠바, 북한과의 외교관계가 정상화되었다.
1975년 10월	베네수엘라와 쿠바가 주도하여 미국을 배제한 라틴아메리카 경제조직SELA을 창설했다.
1976년 1월	베네수엘라에 '석유국유화법'이 발효되었다. 이전까지는 베네수엘라의 모든 석유산업은 7:3의 비율로 미국과 영국이 소유하고 있었다.
1979년 7월	니카라과에서는 산디니스타 민족해방전선이 소모사 독재정권을 타도하며 니카라과 혁명이 시작되었다.
1980년대 후반	유가 하락으로 베네수엘라의 경제위기가 닥쳐왔다. 재정수입 축소로 사회복지가 축소되었고, 이는 푼토 피호 협약 체계, 민주행동당과 기독민주당의 위기를 의미했다.
1989년 2월	베네수엘라에는 페레스가 대통령에 취임하여 이전까지의 정부들이 거부한 IMF의 처방을 받아들였고 금리자유화·공공요금 인상 등 긴축 정책을 도입했다. 이에 시민들이 대규모 폭동을 일으켰고 시위 도중 시위대가 사망하는 사건이 발생했다. 이것이 '카

라카소' 봉기로 이어지는데 더욱 많은 시위대가 결집하여 정부의 강경 진압과 신자유주의 정책에 항의하던 중 정부군의 진압으로 수천 명이 사망했다. 이를 통해 이제까지의 보수대연합의 진실이 만천하에 폭로되었다.

1992년 2월 4일 군부 내에 MBR-200(볼리바르 혁명운동 200)이라는 혁명 세력을 조직하던 우고 차베스가 1만여 명의 지지자들과 페레스 정권을 전복하려는 쿠데타를 시도했다. 그러나 쿠데타는 실패하고 차베스와 핵심 지도자들은 체포되었다.

1992년 11월 27일 다시 군부 쿠데타가 발생했다. 그리고 페레스 대통령의 사임을 요구하는 학생과 시민들의 시위가 연일 끊이지 않았다. 이러한 와중에 페레스는 부패사건으로 퇴진했다.

1994년 2월 기독사회당 소속의 라파엘 칼데라가 대통령에 취임했고 그는 1992년 차베스를 포함한 쿠데타 주동자들을 석방했다. 이후 차베스는 칼데라 정권 하에서 저항운동을 계속 지도하며 정치적 지지를 확대했다.

1998년 12월 우고 차베스가 중·하류 저소득층의 절대적 지지로 대통령에 당선되었고 다음 해 2월 2일 취임한다. 집권에도 불구하고 상하원, 사법부, 여러 국가기관들에서 반대파들의 우위가 계속되었다. 군부와 언론, 국영석유회사PDVSA에 대한 영향력도 제한되어 있었다.

1998년 12월 10일 차베스가 대통령에 당선된 직후, 백악관은 차베스의 급진적인 개혁 공약에 대해 공개적으로 경고했다.

1999년 4월 25일 의회의 해산과 제헌의회 구성을 골자로 하는 '사회적 혁명' 개혁안이 통과되고, 이에 따라 제헌의회를 구성하기 위한 선거가 실시됐다. 결과는 차베스의 '애국기둥'이 압승했다.

1999년 7월 26일 세실리아 소사 대법원장이 제헌의회는 정부기구를 해산할 수 있는 권한이 없다고 판결했으나 차베스 대통령은 이 판결을 무시한다고 선언했다.

1999년 8월 12일 법원, 의회, 기타 기관에 대한 비상사태를 선포했다. 판사를 즉시 교체 가능하게 하였고 의회의 기능을 제한하는 등 공공기관의 권한을 대폭 제한시켰다.

1999년 8월 13일 이러한 조치에 따라 야당은 차베스 대통령이 전제 통치를 꾀하고 있으며 헌법을 개정한다는 당초 목적과 달리 법적 한계를 벗어나고 있다고 비난했다.

1999년 8월 24일 제헌의회의 사법권 침해에 강력히 반발하여 세실리아 소사 대법원장이 사퇴했다.

1999년 8월 26일 제헌의회가 기존 의회의 기능을 예산, 감독 등 좁은 범위로 한정시키는 조치를 취했다. 민주행동당의 티모테오 잠브라노 당수는 이와 같은 일련의 상황에 대해 "제헌의회는 이런 일을 할 권한이 없다. 이것은 커다란 공백상태와 불안을 초래할 것"이라고 반발했다.

1999년 8월 28일 이러한 공방이 계속되는 가운데 제헌의회 지지자들은 의회 해산을 촉구하며 의원들이 의사당 건물 안으로 들어가는 것을 물리적으로 제지하려 했고, 제헌의회 반대파들 역시 물리적인 진입을 시도했다. 이 과정에서 35명 이상이 부상했다. 또한 의회 지도자들은 차베스의 파나마, 브라질 순방 계획을 승인하지 않을 것이라고 엄포를 놓았고 국가 예산안 역시 승인하지 않을 것이라 위협했다.

1999년 9월 9일 판사 8명이 부패 혐의로 해임되는 등 사법부에 대한 차베스 정권의 압박이 강화되었다. 이로 인해 더욱 많은 반동적인 판사들이 추가 해임될 수 있게 되었다.

1999년 9월 10일 지속되는 갈등이 해외 자본의 철수 및 투자 위축을 가져오고 국내외의 압박이 계속되자 차베스 정부는 10월 2일 의회의 개원에 합의했다.

1999년 11월 26일 제헌의회에서 새로 만든 헌법에 대한 대규모 반대 시위가 일부 주지사들과 시장들, 자본가들에 의해 조직되었다.

1999년 12월 16일 제헌의회가 입안한 헌법 개정안이 민중들의 압도적인 지지(71.21퍼센트)를 받으면서 통과되었다. 대다수의 민중들은 새 헌법의 통과에 환호했다.

1999년 12월 21일 헌법 개정안 총투표 때부터 시작된 수해가 계속되어 3만 5000명이 사망하여 차베스 정권에 최악의 악재로 작용했다.

1999년 12월 22일 베네수엘라가 '볼리바르 베네수엘라 공화국The Bolivarian Republic of Venezuela'으로 국명을 변경했다.

1999년 12월 23일 새 헌법이 확정됨에 따라 기존의 의회와 대법원이 공식 해산했다.

2000년 2월 25일 새로운 정부와 갈등을 빚고 있던 군부 일부 세력의 지도자였던 바에스 군사법원장(대령)이 자신의 사무실에서 권총 자살했다.

2000년 7월 30일 새로운 헌법에 따라 새롭게 의회를 구성하고 대통령을 선출하는 선거가 실시되었다. 차베스는 야당 연합의 프란시스코 아리아스 후보에게 압승을 거두고 재선에 성공했다.

2000년 8월 11일   차베스 대통령이 1차 이라크 전쟁 이후 외국 정상
으로는 처음으로 이라크에 방문했다. 이에 미국은
우려와 유감을 표시했다.

2000년 8월 13일   차베스 대통령이 미국의 경고에도 불구하고 리비아
를 방문했다.

2000년 10월 11일   베네수엘라 석유 노조가 총파업을 했다. 이 파업은
4일 만에 임금 인상 요구에 합의하면서 끝나게 되
었다.

2000년 11월 9일   베네수엘라 의회에서 대통령의 권한을 강화하는
'수권법'이라는 법이 의회에서 통과되었다. 이 법
의 통과로 차베스 대통령은 의회의 동의 없이 대통
령령만으로 신속한 개혁 정책을 수행할 수 있게 되
었다.

2000년 12월 3일   노조의 기능을 정지시키는 것에 관한 국민투표가
가결(찬성 66퍼센트)되었고, 노조 지도부의 권한과
노조 자체의 기능을 180일 간 유예시키는 안건이
통과되었다. 이 법은 국제 투기자본의 지배력이 유
지되고 있는 국영석유회사 등의 파업을 사전에 차
단하기 위한 것이었다.

2001년 3월 29일   또다시 석유 노조가 파업했다. 석유 노조는 야당 연
합의 지원을 받고 있었다. 차베스는 이에 굴복하지
않고 국가 비상사태 선포를 검토하고 베네수엘라를
비방하는 모든 외국인을 추방하겠다고 경고했다.

2001년 6월 23일   차베스는 안데스 정상회의에서 미주자유무역협정
FTAA 도입에 대해 맹렬히 비난했다. 또한 베네수
엘라, 볼리비아, 페루, 콜롬비아 등 4개국으로 구성

된 안데스공동체ANCOM가 통합을 이룬다면 협상력을 가질 것이라고 주장했다.

2001년 10월 6일 베네수엘라의 뉴스 전문 TV 방송사인 클로보비시온이 9월 28일에 발생한 택시강도사건(운전기사 1명 사망)을 고의적으로 8명이 사망한 것으로 부풀려 보도했다. 이에 택시노조가 정부의 치안 부재를 비난하고 강력한 범죄예방 대책을 요구하며 도로를 점거하는 등 반 차베스 투쟁을 진행했다. 그러나 클로보비시온은 자신들의 오보를 인정했고 차베스 정부는 이 사건의 고의성에 주목하면서 모종의 음모가 있음을 제기했다. 이 사건을 계기로 보수 우익에 편중되어 있던 베네수엘라 언론과 차베스 정권의 힘겨루기가 계속되었다.

2001년 10월 29일 차베스 대통령이 미국의 아프가니스탄 공습을 공개적으로 비난했고, 이틀 후 미국은 이에 공개적으로 경고했다.

2001년 11월 10일 차베스 대통령은 비상대권을 발동하여 49개의 개혁법안을 통과시켰다. 이 법안은 토지, 어업, 탄화수소, 소액금융, 협동조합에 관한 법률 등 민중들의 이익을 증진시키는 내용들로 이루어졌다.

2001년 12월 10일 차베스를 반대하는 모든 세력이 결집하여 24시간 총파업에 돌입했다.

2002년 1월 1일 새로운 석유법이 발효되었다. 새로 발효된 석유법은 석유산업에 대한 국가의 통제를 더욱 강화하는 데 초점이 맞추어졌고 국내외 자본의 반발을 일으켰다.

2002년 1월 20일 베네수엘라 정부는 카를로스 안드레스 페레스 전 대통령과 카를로스 오르테가 베네수엘라 노총 CTV 위원장의 정부 전복 음모를 적발했다고 발표했다. 이들은 현재의 의회 구도를 변화시키고 반정부 총파업을 성사시키기 위한 계획을 논의했다고 알려졌다.

2002년 2월 7일 페드로 루이스 소토 대령이 차베스 대통령의 퇴진을 요구하며 5000여 명의 시위대를 이끌고 대통령 관저 앞에서 시위를 벌였다. 소토 대령은 차베스 정권의 실정失政을 비난하며 퇴진을 요구했다. 이러한 사태는 2월 말까지 계속되었다.

2002년 2월 27일 1989년의 카라카스 봉기를 기념하고 현재 진행 중인 반동 세력의 공세를 막아내고자 차베스 정권의 지지자 3만여 명이 시위를 벌였다.

2002년 4월 7일 차베스 대통령이 국영석유회사 이사진을 모두 해임했다.

2002년 4월 9일 국영석유회사 노조가 차베스의 새 이사진 임명 철회 등을 요구하며 총파업에 돌입했다.

2002년 4월 11일 석유노조의 파업이 계속되는 가운데 급기야 정부를 지지하는 노조원들과 정부에 반대하는 노조원들 간의 무력충돌로 발전해서 9명이 사망하고 88명이 크게 부상하는 일이 발생했다. 이를 신호로 하여 반차베스 군사 쿠데타가 발발했다. 점증하던 반대 세력이 총집결한 쿠데타로서 총격전까지 벌어지는 사태로 발전했다.

2002년 4월 12일 차베스 대통령이 실각하고 페드로 카르모나 상공인 연합회장이 과도정부 수반을 맡았다. 언론들은 군부 지도자 등의 말을 인용만 하여 그가 자진 퇴임했다고 발표한다. 그러나 차베스의 행방에 의심을 품은 차베스 지지자들은 대규모 시위를 벌인다.

2002년 4월 13일 빈민층을 중심으로 한 대규모 시위는 더욱 더 발전하여 수도 카라카스를 비롯하여 베네수엘라 전국에 들불처럼 번져나갔다. 시위 과정에서 사망자는 최소한 3명이라고 공식 발표되었다. 또한 라울 이사이어스 바두엘 공수여단장은 특수부대 병사 2000여 명이 임시정부에 반대하여 무기를 들었다고 공개적으로 경고하는 등 군 수뇌부에서도 새로운 정부에 반기를 들 조짐이 보였다. 이러한 사태에 직면한 임시 수반 카르모나는 취임 27시간 만에 사임한다.

2002년 4월 15일 차베스 대통령이 다시 베네수엘라 대통령궁으로 돌아왔다. 이 쿠데타 사건을 계기로 하여 군부 내 정치적 반대파와 우익들을 일소하고 국가기구들에 대한 통제를 더욱 강화할 수 있게 되었다. 또한 미국의 배후 지원이 드러나면서 베네수엘라와 미국과의 관계가 급격히 악화되었다.

2002년 4월 16일 세사르 가르비아 미주기구OAS 사무총장은, 차베스의 대통령직 복귀는 라틴 아메리카 민주주의의 승리라고 평가했다.

2002년 4월 20일 베네수엘라 공군참모총장 등 고위 장성 10여 명이 헬기 추락으로 사망했다. 이에 대해 군부에 대한 의혹과 혼란이 가중되었다. 또한 베네수엘라 노동자총연맹CTV이 베네수엘라 내전 가능성을 경고하면서 차베스 정권의 복귀에 강한 불만을 표시했다.

2002년 5월 1일, 6월 16일 노동절 집회에서 친 차베스 시위대와 반 차베스 시위대가 거리에서 격돌했다.

2002년 8월 8일 친 차베스 시위대와 무장경찰이 충돌하여 총격전이 벌어졌고 8명이 부상당했다.

2002년 12월 2일 재계와 친 자본 노동계가 합의하여 총파업에 돌입했다. 이 파업으로 석유 생산과 공급이 완전히 중단되었고 7명이 사망했다. 파업 중인 유조선을 해군이 장악하고 경찰력을 군부가 대신하는 등 심각한 혼란이 계속되었다. 파업을 주도하는 세력은 '조기 대선 실시'를 요구했다. 이에 차베스 대통령은 "일단의 쿠데타 기도 세력들, 파시스트들, 기업인들, 언론 매체 등의 압력을 받아 물러나지는 않을 것"이라고 밝혔다. 이 파업은 두 달 동안 계속되었으며 곳곳에서 차베스 정부 지지자들과 반대자들 간의 무력 충돌이 끊이지 않았다.

2003년 1월 9일 베네수엘라의 모든 은행이 파업에 돌입했다. 미국이 7주 넘게 지속된 파업 사태를 중재하겠다고 나서 의혹을 샀다.

2003년 1월 17일 47일 넘게 지속된 파업으로 인해 기본적인 생필품의 원활한 보급이 어려워지자 베네수엘라 군부가 식품, 음료수 공장을 점령하고 배급을 실시했다.

2003년 1월 26일 생필품 부족 문제를 해결하기 위해 물가 통제가 실시되었다. 이에 대한 비난 여론이 일자 차베스 대통령은, "우리가 신자유주의의 해결 방식(시장경제)에 충실할 필요는 없다"고 일축했다.

2003년 2월 2일 두 달 동안 지속된 총파업이 종료되었다.

2003년 2월 5일 베네수엘라 정부는 물가 통제, 고정환율제, 외환 규제 조치 등을 단행했다. 정부는 '투기꾼들과의 전쟁'이 시작되었다고 선언했다.

2003년 2월 20일 반 차베스 진영의 최고 지도자인 카를로스 페르난데스 상공인연합회 회장을 체포했다.

2003년 3월 14일　카를로스 오르테가 베네수엘라 노동자 총연맹CTV 위원장이 해외로 망명했다. 오르테가 위원장은 페르난데스 상공인연합회 회장과 더불어 지난 총파업의 주요 지도부 중 한 사람이었다.

2003년 3월 27일　차베스 대통령이 베네수엘라 영내에 주둔 중인 콜롬비아 우익 민병대 근거지에 대한 공습 명령을 내렸다.

2003년 5월 25일　반정부 시위 도중 한 명이 사망했다.

2003년 8월 19일　차베스 대통령은 베네수엘라 등 라틴 아메리카 경제 위기의 주범으로 IMF를 지목하여 맹비난했다.

2003년 9월 19일　경찰 내 친 차베스 경찰과 반 차베스 경찰 간 총격전이 벌어졌다.

2003년 12월 23일　차베스 대통령과 카스트로 쿠바 국가평의회 의장이 비밀리에 회동하여 주요 현안을 논의했다.

2004년 2월 29일　소환투표를 놓고 공방을 벌이던 친 차베스 시위대와 반 차베스 시위대가 거리에서 충돌, 두 명이 사망했다.

2004년 5월 12일　베네수엘라 영내에서 훈련 중이던 콜롬비아 우익 민병대원 200여 명이 체포되었다. 이들은 베네수엘라 군부 내 반 차베스 지도부와 관련이 있다고 지목되었다.

2004년 6월 3일　야당 등 반 차베스 세력이 꾸준히 주장하던 소환투표가 합의되었고 이틀 후 차베스 대통령은 "이번 모든 일을 부추긴 장본인은 바로 조지 부시 미국 대통령"이고 또한 "반대자들이 쿠데타 대신에 민주적 절차를 통한 국민투표를 선택해줘서 오히려 행복하다"고 말했다.

2004년 7월 18일　차베스 대통령은 미국 조지 부시 대통령을 '살인 마
피아 두목'이라고 맹렬히 비난했다. 이에 미국은 심
각한 유감을 표명했다.

2004년 8월 15일　차베스 대통령의 신임 여부를 묻는 국민소환투표가
실시되었다. 투표 당일 총 세 명이 사망하고 20여 명
이 부상했다. 사상 최대의 투표율을 기록하였고 찬
성 58퍼센트, 반대 41퍼센트로 차베스가 또 다시 승
리했다. 이로써 두 차례나 심각한 실각 위기를 겪은
차베스는 권력 기반을 더욱 더 다져나갈 수 있었다.

2004년 10월 31일　베네수엘라 지방 주지사 선거에서 차베스 정부 측 후
보들이 총 22개 주 중 20개 주를 석권하며 압승했다.

2004년 11월 19일　지난 쿠데타 사건을 전담하고 있던 다니요 안데르
손 특별검사가 암살당한다.

2004년 12월 3일　뉴욕타임스에 2002년 쿠데타에 CIA가 개입했음을
보여주는 문서가 공개된다. 베네수엘라와 미국 간
의 긴장감이 더욱 높아졌다.

2005년 1월 30일　세계사회포럼에 참석한 차베스 대통령이 미 제국주
의에 대한 저항을 호소했다.

2005년 4월 26일　베네수엘라 대표단이 북한을 방문했다.

2005년 4월 30일　차베스 대통령은 쿠바의 피델 카스트로 의장과 함
께 미주 볼리바르 대안ALBA 결성에 합의했다.

2005년 5월 1일　차베스 대통령이 노동절 집회에서 "베네수엘라는
21세기 사회주의로 나아가야 한다"고 선언했다.

2005년 5월 2일　라틴 아메리카 국가들을 순방 중인 라이스 미국 국
무장관이 연일 베네수엘라를 목표로 비난 발언을
하였다. 이에 차베스 대통령은 "미국은 악의 화신"

"자본주의는 드라큘라보다 더 나쁜 것"이라며 응수했다. 베네수엘라와 미국 간의 외교적 언쟁은 연일 계속되었다.

2005년 5월 22일 차베스 대통령은 "우리도 핵기술을 개발할 수 있다. 이를 위해 아르헨티나, 이란, 브라질과 협력하겠다"고 밝혔다.

2005년 10월 4일 차베스 대통령이 국민 누구나 쉽게 구입할 수 있는 '볼리바르 컴퓨터'를 생산하겠다고 발표했다. 볼리바르 컴퓨터는 그 가격이 400달러 정도가 될 것이며 베네수엘라 어디서든지 누구든지 저렴한 가격에 구입할 수 있도록 하겠다고 밝혔다.

2005년 10월 12일 차베스 대통령은 베네수엘라 내에서 활동 중인 미국계 거대 선교단체인 '뉴 트라이브 미션'을 추방하겠다고 선언했다. 차베스는 이 단체를 문화제국주의와 식민주의의 전파자로 지목했다. 이 단체는 그동안의 쿠데타, 반정부 시위 등이 있을 때 CIA 등에 베네수엘라의 국내 정세 정보를 건넸다는 의혹이 제기되어 왔었다.

2005년 11월 4일 베네수엘라 대통령 차베스는 아르헨티나 마르델플라타에서 열린 미주자유무역협정FTAA 미주정상회담에 참석하여 "FTAA를 묻을 삽을 가져왔다"고 선언하며 회담에 참여했다. 조지 부시 미국 대통령은 회의 일정이 끝나기도 전에 자리를 떠버렸다.

2005년 12월 4일 베네수엘라 총선에서 차베스의 제5공화국운동MVR 등 친정부 후보들이 총득표 89퍼센트로 의회 의석 167개를 모조리 석권했다.

2005년 12월 18일 볼리비아 대선에서 좌파 후보인 에보 모랄레스가 당선되었다.

2006년 1월 15일 칠레 대선 결선투표에서 중도좌파연합 후보인 미첼 바첼렛이 당선되었다. 바첼렛은 칠레 역사상 최초의 여성 대통령이다. 이로써 칠레 좌파연합이 1990년 이후 네 차례 연속으로 집권하게 되었다.

2006년 1월 20일 브라질, 아르헨티나, 베네수엘라 정상들이 새 통합의 틀을 만들어내는 데 합의했다. 기존의 협력의 범위를 군사 · 안보부문으로 확대하고자 하였는데, 지역 안보기구의 창설과 함께 공동방위군도 만들기로 했다. 또한 1만 킬로미터에 달하는 3개국 연결 천연가스관 건설, 1000억 달러 기금을 목표로 한 '중남미은행' 설립도 논의했다.

2006년 2월 4일 차베스 대통령은 미국의 침공 위협에 맞서기 위해 국민 중 100만 명을 무장할 필요가 있다고 주장했다.

2006년 2월 7일 베네수엘라가 미국의 각 주州에 빈민, 노숙인을 위한 난방유를 무료로 공급하기 시작했다.

2006년 2월 8일 토니 블레어 영국 총리가 베네수엘라 차베스 대통령을 독재자로 비난하자, 차베스는 이에 대해, "블레어는 제국주의의 볼모, 지옥에나 가라!"고 응수했다.

2006년 3월 7일 코스타리카 대선에서 불과 1.12퍼센트의 차이로 우익 후보가 당선되었다. 좌익 후보인 오톤 솔리스는 빈농 출신으로 FTA에 반대하여 왔다.

출처 : 사회진보연대 토론회 자료집

참고문헌

● 단행본

Alan Woods, The Venezuelan Revolution - A Marxist Perspective, Wellred.

Aleida Guevara, *Chavez : Venezuela & the new latin america*, Ocean Press, 2005.

Chesa Boudin, Gabriel Gonzalez and Wilmer Rumbos, *The Venezuelan Revolution : 100 Questions-100 Answers*, Thunder's Mouth Press, 2006.

German Sanchez, *Barrio Adentro & Other Social Missions in the Bolivarian Revolution*, Ocean Press, 2006.

German Sanchez, The Cuban revolution & Venezuela, Ocean Press, 2006.

Hugo Chavez, Marta Harnecker and Chesa Boudin, *Understanding the Venezulean revolution : Hugo Chavez Talks to Marta Harnecker*, Monthly Review Press, 2005.

Michael McCaughan, *The Battle of Venezuela*, Seven Stories Press, 2005.

Richard Gott, *Hugo Chavez and the bolivarian revolution*, Verso, 2005

Richard Gott, *In the Shadow of the Liberator : Hugo Chavez and The transformation of Venzuela*, Verso, 2000.

Steve Ellner and Daniel Hellinger, *Venezuelan Politics in the Chavez Era : Class, Polarization & Conflict*, Lynne Rienner Pub, 2004

● 언론, 기타 매체

DVD 영상 : 알레이다 게바라Aleida Guevara의 차베스 인터뷰(OCEAN FILM)

다큐멘터리 「볼리바리안 혁명 : 베네수엘라 민중의 삶과 투쟁 Venezuela Bolivariana : People and Struggle of the Fourth World War」 (연출 : 마르셀로 안드라데, 2004)

KBS 스페셜 「신자유주의를 넘어서―차베스의 도전」 (연출 : 이강택 PD, KBS)

연합뉴스 http://www.yonhapnews.co.kr

프레시안 http://www.pressian.com

민중언론 참세상 http://www.newscham.net

사회진보연대 http://www.pssp.org

베네수엘라 애널리시스 http://www.venezuelanalysis.com

베네수엘라 국영석유회사 http://www.pdvsa.com

볼리바리안 혁명 :
베네수엘라 민중의 삶과 투쟁

Venezuela Bolivariana : People and Struggle of the Fourth World War

(마르셀로 안드라데 Marcelo Andrade, 2004년, 베네수엘라, 76분)

베네수엘라의 역동적인 사회 변혁의 단면들, 1989년의 카라카소, 차베스를 대중적
지도자로 떠오르게 한 쿠데타, 그리고 차베스 정부를 전복시키려다 실패한 2002년의
쿠데타 등의 역사적 기록이 모두 담겨있는 다큐멘터리다.
젊은 감독 안드라데는 볼리바리안 혁명을 신자유주의 세계화에 대한 구체적 대안의
발견이라는 시각으로 조명하고 분석하고 있다.

mms://211.206.125.94/rtv2/CB01S/CB01S144_300k.wmv